Ernst Heinrich Philipp August Haeckel

Zur Entwickelungsgeschichte der Siphonophoren

Beobachtungen über die Entwickelungsgeschichte der Genera Physophora

Ernst Heinrich Philipp August Haeckel

Zur Entwickelungsgeschichte der Siphonophoren
Beobachtungen über die Entwickelungsgeschichte der Genera Physophora

ISBN/EAN: 9783741168123

Hergestellt in Europa, USA, Kanada, Australien, Japan

Cover: Foto ©ninafisch / pixelio.de

Manufactured and distributed by brebook publishing software (www.brebook.com)

Ernst Heinrich Philipp August Haeckel

Zur Entwickelungsgeschichte der Siphonophoren

NATUURKUNDIGE VERHANDELINGEN.

Digitized by the Internet Archive
in 2016

https://archive.org/details/b22288995

ZUR
ENTWICKELUNGSGESCHICHTE
DER
SIPHONOPHOREN.

ZUR

ENTWICKELUNGSGESCHICHTE

DER

SIPHONOPHOREN,

VON

Dr. ERNST HAECKEL.

BEOBACHTUNGEN ÜBER DIE ENTWICKELUNGSGESCHICHTE DER GENERA

PHYSOPHORA, CRYSTALLODES, ATHORYBIA,

UND REFLEXIONEN ÜBER DIE

ENTWICKELUNGSGESCHICHTE DER SIPHONOPHOREN IM ALLGEMEINEN.

EINE VON DER

UTRECHTER GESELLSCHAFT

FÜR KUNST UND WISSENSCHAFT

GEKRÖNTE PREISSCHRIFT.

MIT VIERZEHN TAFELN.

UTRECHT,
Verlag von C. VAN DER POST Jr.
1869.

„Alle Erscheinungen, welche die individuelle Entwickelungsgeschichte der Siphonophoren begleiten, erklären sich lediglich aus der palaeontologischen Entwickelung ihrer Vorfahren."

VORWORT.

Die Beobachtungen, welche den nachstehenden Beiträgen „Zur Entwickelungsgeschichte der Siphonophoren" zu Grunde liegen, wurden von wir während eines dreimonatlichen Aufenthaltes in Puerto del Arrecife, der Hafenstadt der canarischen Insel Lanzarote angestellt, im December 1866 und im Januar und Februar 1867. Die Arbeit wurde in derselben Form, in welcher sie hier gedruckt vorliegt, anonym unter dem vorstehenden Motto im November 1867 an die Gesellschaft für Künste und Wissenschaften zu Utrecht eingesendet, welche derselben in ihrer General-Versammlung am 30. Juni 1868 eine goldene Preis-Medaille zuerkannte. Damit sich die Arbeit um den ausgesetzten Preis bewerben konnte, musste sie anonym eingesendet werden, und ich war daher genöthigt, an denjenigen Stellen, an denen ich mich auf meine früheren Arbeiten bezog (im II. und X. Abschnitt), von mir selbst objectiv in dritter

Person zu sprechen. Mein hochverehrter College, Herr Professor
P. Harting in Utrecht, hatte die grosse Güte, den Druck des
Textes und die lithographische Ausführung der. von mir gezeichneten Tafeln auf das Sorgfältigste zu überwachen, wofür ich demselben hierdurch meinen besonderen Dank auszusprechen nicht
unterlassen kann.

JENA, am 24. Juni. 1869. ERNST HEINRICH HAECKEL.

I. Historische Einleitung.

Die an der Oberfläche des Meeres schwimmenden Hydromedusen-Stöcke, welche zuerst Eschscholtz in seinem „System der Acalephen (1829)" unter dem Namen der „Siphonophoren" zusammenfasste, sind uns erst seit den letzten zwei Decennien genauer bekannt geworden. Die genauen Untersuchungen von Sars, Leuckart, Vogt, Kölliker, Gegenbaur, Huxley, Claus, Keferstein und Ehlers, Alexander Agassiz und einigen Anderen haben uns mit der merkwürdigen Organisation dieser prachtvollen Coelenteraten rasch vertraut gemacht, und die Gruppe der Siphonophoren, früher eine der dunkelsten und räthselhaftesten des Thierreichs, in kurzer Zeit zu einer der interessantesten und lehrreichsten erhoben.

Doch ist es fast ausschliesslich die *Anatomie*, die Wissenschaft vom Bau der entwickelten Formen der Siphonophoren, welche durch diese ausführlichen Untersuchungen gefördert wurden ist. Dagegen haben uns dieselben über die *Entwickelungsgeschichte*, über die Wissenschaft von der Entstehung dieser so complicirten Hydromedusen-Formen, nur sehr wenige und fragmentarische Aufschlüsse geliefert. Es musste diese empfindliche Lücke in unserer Erkenntniss um so mehr bedauert werden, als einerseits der merkwürdige Polymorphismus der Siphonophoren, andererseits die sehr bedeutende Verschiedenheit in der Organisation der wenigen, diese Thiergruppe zusammensetzenden Genera, schon a priori auf interessante und ausserordentliche Entwickelungs-Verhältnisse schliessen liess 1).

Mit einziger Ausnahme der sogleich näher zu erwähnenden Untersuchungen von Gegenbaur beziehen sich sämmtliche Mittheilungen, welche uns die oben genannten Zoologen über die individuelle Entwickelung der Siphonophoren gemacht haben, lediglich auf einzelne Jugendzustände, welche frei schwimmend an der Oberfläche des Meeres, gleich den erwachsenen und ausgebildeten Siphonophoren, angetroffen wurden. Bei manchen dieser jugendlichen Formen musste es, aus Mangel an charakteristischen Formeigenthümlichkeiten, ungewiss bleiben, zu welchem von den bekannten Siphonophoren-Genera dieselben zu stellen seien, so namentlich bei der im Mittelmeer häufig vorkommenden Physophoriden-Larve, welche von Gegen-

---

1) Da wir in diesen Beiträgen zur Entwickelungsgeschichte der Siphonophoren die Anatomie dieser Thiere als bekannt voraussetzen müssen, wollen wir hier ein Verzeichniss der wichtigsten dieselbe behandelnden Schriften, welche wir auch öfter citiren werden, in chronologischer Reihenfolge beifügen:

1. Sars, Von einigen an der norwegischen Küste beobachteten Röhrenquallen (*Agalmopsis, Diphyes*). 1846. (Fauna littoralis Norvegiae, I, p. 31, Taf. 5—7.)
2. Leuckart, Die Siphonophoren. 1853. (Zoologische Untersuchungen, I. Heft.)
3. Gegenbaur, Beiträge zur näheren Kenntniss der Schwimmpolypen (Siphonophoren). 1853. (Zeitschr. für wiss. Zool. V, p. 103, 285, Taf. XVI—XVII.)
4. Kölliker, Die Schwimmpolypen oder Siphonophoren von Messina. 1853.
5. Vogt, Les Siphonophores de la mer de Nice. (Recherches sur les animaux inférieurs de la Méditerranée, I Mémoire. 1854.)
6. Leuckart, Zur näheren Kenntniss der Siphonophoren von Nizza. 1854. (Archiv für Naturgesch. XX, 1, p. 249, Taf. XI—XIII.)
7. Gegenbaur, Neue Beiträge zur näheren Kenntniss der Siphonophoren. 1859. (Nova acta Leop. Carol. XXVII, Taf. 26—32.
8. Huxley, The Oceanic Hydrozoa. 1858. Ray Society.
9. Claus, Ueber Physophora hydrostatica. 1860. (Zeitschr. für wiss. Zool. X, p. 295, Taf. XXV—XXVII.)
10. Keferstein und Ehlers, Beobachtungen über die Siphonophoren von Neapel und Messina. 1861. (Zoologische Beiträge.)
11. Claus, Neue Beobachtungen über die Structur und Entwickelung der Siphonophoren. 1863. (Zeitschr. für wiss. Zool. XII, p. 536, Taf. XLVI—XLVIII.)
12. Alexander Agassiz, North-American Acalephae. 1865. (Illustrated Catalogue of the Museum etc., p. 200, Fig. 331—350. *Nanomia cara*.)

baur, Vogt, Keferstein und Ehlers, Claus und Anderen beobachtet wurde. Es gleicht diese Larve durch ihren Habitus, und namentlich durch den kurzen gedrungenen Zapfen von Deckstücken, so sehr der Gattung *Athorybia*, dass man sie für einen Jugendzustand derselben halten könnte. Die Form ihrer Nesselknöpfe aber macht es wahrscheinlicher, dass sie zu einem *Agalma* oder einem verwandten Genus gehört, und dass jene Krone von Deckstücken einen Larven-Apparat darstellt, welcher bei der Metamorphose verloren geht. Schon diese Larvenform gestattete die Annahme, dass die Entwickelung wenigstens mancher Siphonophoren mit einer wirklichen Metamorphose, mit der Production provisorischer Larvenorgane, die später verloren gehen, verbunden sei. Diese Metamorphose ist in der That bei mehreren Gattungen, wie die nachfolgenden Untersuchungen zeigen werden, vorhanden, und von grösserer Bedeutung, als sich erwarten liess.

Bei einer Anzahl von anderen Jugendzuständen, die von mehreren der oben genannten Naturforscher beobachtet wurden, liess sich das zugehörige Genus mit Sicherheit bestimmen. Die ältesten derartigen Beobachtungen dürften die Jugendformen der *Velella* betreffen, welche Eschscholtz (1829) als ein besonderes neues Siphonophoren-Genus unter dem Namen „*Rataria*" beschrieb. Es werden diese Ratarien oft in grosser Menge schwimmend angetroffen. Der Körper besteht aus einer kreisrunden horizontalen Scheibe, auf welcher sich vertikal ein schmaler hoher Kamm erhebt, jedoch ohne das knorpelähnliche Skelet, welches sich in dem Kamme der erwachsenen Velellen vorfindet. Von der unteren Fläche der Scheibe hängt in der Mitte ein Polyp (Saugrohr oder Magen der älteren Autoren, „Polypites" von Huxley) herab. Der Rand der Scheibe ist mit einem Tentakelkranz gesäumt. Die zahlreichen kleineren Polypiten oder Saugröhren, welche bei der erwachsenen *Velella* an der unteren Scheibenfläche zwischen dem centralen Polypiten und den Randtentakeln sitzen, fehlen der *Rataria* noch völlig. Diese knospen erst später hervor, während sich in der Scheibe und ihrem Kamme das knorpelähnliche Skelet mit seinen lufthaltigen Canälen entwickelt. Die jüngsten Formen der *Rataria* haben grosse Aehnlichkeit mit gewissen Schirmquallen, namentlich Trachymedusen.

Jugendformen des eigenthümlichen Genus *Physalia* sind bisher, trotzdem diese Siphonophore länger und häufiger, als alle anderen, die Aufmerksamkeit auf sich zog, erst ein einziges Mal beobachtet worden, und zwar von Huxley (1847), welcher dieselben in seinem grossen Werke („The oceanic Hydrozoa") beschreibt und abbildet (p. 96, p. 102; Pl. X, Fig. 1—10). Die jüngsten Physalien, welche Huxley fand, hatten einen Durchmesser von 3—10^{mm} (⅛—⅜ Zoll). Sie bestanden bloss aus einem einzigen Polypiten, dessen Mundöffnung in eine geräumige, mit Zotten besetzte Magenhöhle führt und aus dessen Magenwand, etwa in der Mitte der Länge, ein kurzer Fangfaden hervortritt. Das der Mundöffnung entgegengesetzte, aborale oder proximale (obere) Ende des Polypiten ist aufgetrieben durch eine rundliche, lufterfüllte Schwimmblase („Pneumatocyst"), deren Länge ungefähr ein Drittel von der des Polypiten beträgt. Etwas ältere und grössere Physalien zeigten bereits mehrere Polypiten, welche in einer Reihe hinter einander an der ventralen (unteren) Seite des primären Polypiten hervorgesprosst waren.

Die Jugendzustände von Siphonophoren, welche Gegenbaur frei schwimmend im Meere fing, gehörten der Familie der *Physophoriden* an (Beiträge zur näheren Kenntniss etc., p. 53; Taf. XVII, Fig. 7—11). „Die jüngsten Individuen maassen 0,15'" Länge und bestanden aus einer einfachen hohlen Leibesachse (Stamm), an deren einem Ende die verhältnissmässig sehr entwickelte Luftblase sich befand, während von dem anderen ein völlig ausgebildeter Polyp, mit verschiedenen Fangfadensprossen umgeben, seinen Ursprung nahm. Am Stamme zwischen Polyp und Luftblase sah man einzelne warzenartige Vorsprünge, die Knospen der übrigen Polypenleiber und ihrer Organe, sowie des Locomotions-Apparates. Dem einzigen Polypenleibe scheint für längere Zeit die Ernährung der sich bildenden Colonie übertragen zu sein, und erst später, wenn der Stamm schon mehrere (6—7) Linien Länge besitzt, beginnt die Entwickelung der übrigen Polypen. Die zur Untersuchung gekommenen Gattungen waren *Physophora* (Taf. XVII, Fig. 7), *Agalmopsis* (Taf. XVII, Fig. 8) und *Forskalia*. Bei allen beginnt die Sprossenbildung einseitig, und erst durch Spiraldrehungen des Stammes treten die an ihm in einer herablaufenden Reihe hervorgesprossten Theile in eine zweizeilige Anordnung, wie die Schwimmstücke bei *Physophora* und *Agalmopsis*, oder sie werden in einer deutlichen Spirale angereiht, wie die

Schwimmstücke der *Forskalia*, die Einzelthiere derselben und jene der *Agalmopsis*. Bei *Physophora* bilden sich gleichzeitig mit dem ersten Polypen noch vier der grossen Tentakel (Taster). Die Sprossenreihe der Schwimmstücke erscheint immer vor jener der Einzelthiere (Polypen) und zwar so, dass erstere schon vollkommene Medusen-Form haben, ja die ältesten sogar schon locomotorisch wirken können, wenn letztere noch als einfache Blinddärmchen sich darstellen." Die eigenthümliche unbekannte Siphonophoren-Form, welche Gegenbaur auf Taf. XVII, Fig. 9, 10 abbildet, und auf p. 55 beschreibt, ist, wie wir unten zeigen werden, die Larve von *Physophora*, welche ein kappenförmiges Deckstück besitzt.

Eine ähnliche Jugendform von *Physophora*, wie Gegenbaur auf Taf. XVII, Fig. 7 abbildete, bestehend aus einem Polypiten nebst Luftblase und Fangfaden, umgeben von vier entwickelten Tastern, wurde auch von Carl Vogt beobachtet (Siphonophores de Nice, p. 58, Tab. VI, Fig. 24). Wie bei der ersteren, war auch bei dieser das Deckstück bereits abgeworfen, die Schwimmglockenreihe aber noch nicht entwickelt. Ausserdem beschreibt Vogt mehrere junge Physophoriden, welche er zu *Agalma rubrum* rechnet (l. c. p. 79, Tab. X, Fig. 32—36). Das jüngste von diesen Thieren, dem blossen Auge kaum sichtbar, bestand aus einem einzigen Polypiten, noch ohne Fangfaden und ohne Luftblase, aber von einem einfachen schuppenförmigen Deckstück geschützt, und von Knospen umgeben. Bei älteren Individuen, von Stecknadelknopfgrösse, trug der Polypit eine Luftblase und einen Fangfaden, war aber von einer ganzen Krone von Deckstücken umgeben.

Aehnliche junge Physophoriden, wie die letzt erwähnten, wurden auch von Leuckart beobachtet, werden aber von demselben zu *Agalma punctatum* (*A. Sarsii*) gerechnet (Zoolog. Unters. p. 39, Taf. II, Fig. 23). „Die kleinsten Exemplare (von $1\frac{1}{2}$—2''') bestanden fast ausschliesslich aus einer Luftblase und einem Magensacke, dessen Wurzel unmittelbar unter dem Halse der Luftblase — ein eigentlicher Stamm war noch nicht vorhanden — befestigt war. Der Magensack war über 1''' lang, völlig ausgebildet und mit einem Fangfaden versehen, der vier vollständige Nesselknöpfe, ohne Endfaden, und an der Wurzel einen Haufen von unentwickelten Anhängen derselben Art trug. Oberhalb des Magensackes sassen vier andere, weit kürzere und schlankere, sonst aber ähnliche Anhänge, die als unvollständig ausgebildete Taster zu betrachten sein möchten. Unterhalb der Luftblase kamen eben die Schwimmglocken hervor. Der ganze Körper war von einem Flimmerkleide überzogen, und bewegte sich theils durch dieses, theils durch die peitschenförmigen Schwingungen des Magens und der Taster langsam im Wasser vorwärts." Leuckart schliesst hieraus und aus anderen Beobachtungen, dass die Embryonen der Siphonophoren, die anfangs wahscheinlich nach Art der Infusorien durch ein Flimmerkleid umherschwimmen, sich in einen sogenannten Magensack umformen, dessen blindes Ende durch fortgesetzte Knospenbildung die übrigen Anhänge entwickelt und sich dabei allmählich in den späteren Centralstamm auszieht.

Auch Kölliker beobachtete eine den eben beschriebenen ähnliche, junge Physophoride, welche derselbe für die Larve von *Forskalia* hält (Schwimmpolypen von Messina, p. 74, Taf. II, Fig. 11). Dieselbe bestand ebenfalls aus einem einzigen wohlentwickelten Polypen, dessen oberes Ende eine Schwimmblase mit zwei Lufttropfen umschloss. Ausserdem sassen an der Seitenwand des Polypiten noch eine grosse Anzahl von seitlichen hohlen Anhängen, von denen die oberen wahrscheinlich die Anlagen der Schwimmglocken, die unteren dagegen die Knospen von anderen Polypen, von Fangfäden, Tastern u. s. w. waren. Kölliker schliesst daraus, dass die Siphonophoren bei ihrer Entwickelung aus dem Ei keine erheblichen Metamorphosen erleiden, und dass der bewimperte Embryo an einem Ende zur Schwimmblase, am anderen zum Einzelthier (Polypiten) sich umformt, während die Mitte zum Stamme wird.

In seinen „neuen Beobachtungen über Structur und Entwickelung der Siphonophoren (1863)" beschreibt auch Claus dieselben Physophoriden-Larven, welche schon von den vorher erwähnten Autoren beobachtet und als Jugendzustände von *Agalma* angesehen worden waren (Zeitschr. für wiss. Zool. Bd. XII, p. 536, Taf. XLVIII). Ausserdem sah derselbe auch einmal eine Jugendform aus der Familie der Diphyiden, sehr ähnlich dem ältesten von Gegenbaur beschriebenen Entwickelungsstadium, jedoch einige Tage älter, indem nicht nur die Schwimmglocke eine bedeutendere Grösse besass, sondern auch der Rest des Larvenleibes mit zahlreichen knospenähnlichen Auftreibungen bedeckt war (Taf. XLVII, Fig. 28). Claus hebt hervor, dass die jugendlichen Physophoriden, welche durch den Besitz einer eigenthümlichen, später verloren gehenden Krone von Deckstücken, und durch kleine wenig entwickelte Nesselknöpfe sich von den erwachsenen unterscheiden, als Larvenzustände aufgefasst werden müssen. Die Gattung *Athorybia* mit ihrer mächtig entwickelten Deckschuppenkrone, welche das Auftreten einer Schwimmsäule verhindert, ist demnach als eine unvollkommener entwickelte Siphonophoren-Form aufzufassen, welche auf jenem Larvenstadium der *Agalma* etc. persistirt.

Die jüngsten Mittheilungen über Siphonophoren-Entwickelung rühren von Alexander Agassiz her, und beziehen sich auf eine Agalmide, *Nanomia cara*, welche den Gattungen *Halistemma* und *Agalmopsis* sehr nahe steht und wohl kaum generisch von *Halistemma* verschieden ist (North American Acalephae, p. 200, Fig. 331—350). Die Schwimmblase soll hier nicht eine Luftblase, sondern einen Oeltropfen einschliessen. Die einzelnen, massenweis an der Oberfläche der See schwimmenden Polypen, welche die Grundlage des Stammes bilden, sollen hier nicht allein aus den Eiern entstehen, sondern auch aus Knospen, welche sich von dem Stamm ablösen. An dem ganz einfachen, freien, primitiven Polypiten, dessen oberes Ende den hydrostatischen Oeltropfen umschliesst, sprossen eine Menge Knospen hervor, unmittelbar unter der Schwimmblase, über dem eigentlichen Magenraum. Die obersten dieser Knospen werden zu Schwimmglocken, die tiefer stehenden zu Deckstücken, Tastern, secundären Polypen und Fangfäden.

Wir haben nun schliesslich noch die sehr wichtigen Beobachtungen hervorzuheben, welche Gegenbaur über die Entwickelung der Siphonophoren im Frühling 1853 in Messina anstellte. Alle vorher erwähnten Beobachtungen bezogen sich auf Jugendzustände, welche frei schwimmend im Meere gefunden wurden. Gegenbaur, dessen Arbeiten auf so vielen Gebietstheilen der Zoologie bahnbrechend und fördernd waren, war der erste, und bisher der einzige, welchem es gelang, die künstliche Befruchtung der Siphonophoren-Eier einzuleiten und die ersten Entwickelungsvorgänge an dem befruchteten Ei zu verfolgen. (Beiträge zur näheren Kenntniss der Siphonophoren, p. 49, Taf. XVI, Fig. 13—21. Vergl. auch Victor Carus, Icones zootom. Tab. III, Fig. 28—33).

Bei der hohen Bedeutung, welche diese Mittheilungen Gegenbaurs besitzen, werden wir das Wichtigste davon hier wörtlich anführen: „Die Befruchtung der Eier erfolgt erst nach dem Austritte der Eier aus der Eikapsel; denn niemals fand ich Samenfäden in letztere eingedrungen, eben ausgetretene Eier dagegen stets von ihnen umschwärmt. Sie sassen dann strahlenartig mit dem Köpfchen an der Peripherie der Eier an, mit dem Fadentheile selbst in zitternder Bewegung. Nun folgt rasch die Theilung des Dotters, die mit dem Auftreten einer ringförmigen Furche um den Aequator des Eies sich einleitet. Dies wiederholt sich dann an jedem Theilungsproducte, bis das ganze Ei aus einer Masse gleichartiger Furchungskugeln besteht, die ihm das bekannte „maulbeerförmige" Aussehen verleihen. Ein hier besonders genau zu verfolgender Umstand ist die jedesmalige *Theilung des Keimbläschens, welche der Theilung des Dotters vorausgeht;* in gleicher Weise verhalten sich dann auch die Theilungsproducte des Keimbläschens zu der Bildung neuer Dotterkugeln. So verfolgte ich den Furchungsprocess bei *Agalmopsis, Physophora, Forskalia, Hippopodius* und *Diphyes*, ohne dass bei den einzelnen Gattungen sich wesentliche Verschiedenheiten ergeben. Am dritten Tage hat sich die Oberfläche des gefurchten Dotters mehr geebnet, und überzieht sich mit feinen Wimpern, vermöge welcher die neu entstandene „Larve", bald Kreise, bald Spiralen beschreibend, langsam im Wasser umherzieht. So wurde es von *Agalmopsis, Physophora* und *Diphyes* gesehen. Die einzelnen Zellen, welche die schwimmende Larve zusammensetzen, sind unverhältnissmässig gross (0,03—0,04″) und alle vollkommen durchsichtig. Die Grösse und Form der Larve in diesem Stadium stimmt mit jener der Eier überein, und verharrt so mehrere Tage lang, bis etwa gegen den sechsten Tag eine Veränderung eintritt. Es besteht diese darin, dass an einer Stelle der Oberfläche eine vermehrte Bildung kleiner Zellen auftritt, wodurch einerseits eine Verdickung, andererseits eine Verdunkelung dieser Stelle hervorgebracht wird. Noch auffallender wird diese Veränderung durch eine Ablagerung bräunlichen Pigmentes in eben jene Verdickungsschichte." So bei *Physophora* und *Diphyes*.

Während nun die Larven von *Physophora*, welche Gegenbaur bis zu diesem Stadium verfolgt hatte, abstarben, glückte es ihm, die Larven von *Diphyes (D. Sieboldii)* weiter zu erhalten. Am sechsten Tage haben diese eine ovale Form angenommen. In den folgenden Tagen entsteht aus der ursprünglich verdickten Stelle der Oberhaut eine merkliche Hervorragung, an der man deutlich zwei Schichten erkennt. Dieser Protuberanz an der Oberfläche entspricht bald eine andere, welche nach innen in die grosszellige Masse der Lárve hineinragt. Im Inneren der Hervorragung bildet sich ein Cavum aus, während zugleich das gelbbraune Pigment, namentlich in der Spitze der Protuberanz, zunimmt. Die Hervorragung setzt sich nun in Gestalt einer Knospe von dem ovalen Larvenkörper ab. Die äussere Hülle der Knospe geht in letzteren über, während die kleinzellige innere Wand das Lumen der centralen Höhle begränzt.

Während sich nun die Knospe stärker vom Larvenleibe abschnürt, entsteht zwischen den beiden Schichten der Knospenwand ein Hohlraum und die innere Schicht spaltet sich in zwei Blätter, von denen das innere die Knospenhöhle umschliesst, das äussere dagegen sich durch den Knospenstiel hindurch in die Wand eines inzwischen entstandenen cylindrischen Hohlraums fortsetzt. Dieser letztere, an beiden Enden blind geschlossene Canal durchsetzt einen grossen Theil des Larvenkörpers und ist mit Cilien ausgekleidet, welche ein reichlich mit Körnchen versehenes Fluidum lebhaft umhertreiben. Gegen den 9—10ten Tag zeigt sich der Larvenleib noch immer unverändert. Dagegen erscheint die Knospe grösser, ihre Spitze abgeflacht und von einer runden Oeffnung durchbrochen, die von schmalem Saume umgeben in die Knospenhöhle führt. Die Knospe wird so zu einer Schwimmglocke, ihre Höhle zum Schwimmsack. Die junge Schwimmglocke ist beim Schwimmen nach unten, ihre Mündung nach hinten gerichtet. In der Wand der Glockenhöhle treten vier Radialgefässe auf, welche an der Mündung derselben in einen Cirkelkanal zusammenfliessen. Die Schwimmglocke vergrössert sich nun rasch dergestalt auf Kosten des ursprünglichen Larvenleibes, dass dieser nur noch wie ein kleiner Anhang auf dem Scheitel des kegelförmig ausgezogenen Schwimmstückes erscheint. Die Wand des Anhanges, welche aus grossen polyëdrischen Zellen besteht, umschliesst einen geräumigen, wimperenden Hohlraum. An dem Ausläufer, welcher von diesem zum Schwimmstück geht, treten zwei Hervorragungen, neue Knospen, auf. Aus der Bildung der Gefässe schliesst Gegenbaur, dass dieses primitive Schwimmstück der hinteren (distalen) Schwimmglocke der ausgebildeten *Diphyes* entspricht. Der Stamm entwickelt sich wahrscheinlich aus einer der beiden neue Knospen. Von dem Rest des Larvenleibes glaubt Gegenbaur, dass derselbe zu dem grosszelligen Körper (Saftbehälter) wird, der sich im vorderen Schwimmstück findet. Aus diesen wichtigen Beobachtungen Gegenbaurs ergiebt sich ein auffallend verschiedener Entwickelungs-Vorgang für die beiden Gruppen der Diphyiden und der Physophoriden. Bei *Diphyes* entsteht zuerst eine Schwimmglocke, also ein locomotorischer Apparat, und dann erst die ernährenden Theile des Stammes. Bei den Physophoriden dagegen bildet sich zuerst ein ernährender Polyp, mit einer Schwimmblase im geschlossenen Ende, während die Schwimmglocken, die locomotorischen Theile, erst später, und zwar einzeilig am Stamme, entstehen.

Meine eigenen Untersuchungen über die Entwickelungsgeschichte der Siphonophoren wurden im Winter 1856/57 angestellt, im welchem ich während eines längeren Aufenthaltes an der atlantischen Meeresküste Gelegenheit hatte, die Mehrzahl der bisher bekannten Siphonophoren-Genera zu untersuchen. Begierig, die individuelle Entwickelung dieser ebenso interessanten als prachtvollen Hydromedusen-Stöcke zu verfolgen, und wenigstens einige von den vielen ungelösten Räthseln ihrer Entwickelungsgeschichte aufzuklären, stellte ich zahlreiche Versuche mit künstlicher Befruchtung an, und zwar bei den Genera: *Praya, Diphyes, Abyla, Hippopodius, Athorybia, Agalmopsis, Halistemma, Forskalia, Crystallodes* und *Physophora*. Die Mehrzahl der Versuche schlug fehl, und in vielen Fällen gingen die befruchteten und sich entwickelnden Eier zu Grunde, ehe sie noch über die ersten, bereits von Gegenbaur beschriebenen Entwickelungsstadien hinaus gekommen waren. Auf längere Zeit hinaus die Entwickelungsvorgänge zu verfolgen, gelang mir nur bei drei Physophoriden-Gattungen, nämlich bei *Physophora* (bis zum XXVIII[sten] Tage), bei *Crystallodes* (bis zum XXVII[sten] Tage) und bei *Athorybia* (bis zum VII[ten] Tage). Ausserdem beobachtete ich auch sehr junge Physalien, welche die Entwickelung dieser Gattung erläuterten.

Die Resultate meiner Untersuchungen schlossen sich in vieler Beziehung den erwähnten von Gegenbaur und den anderen Autoren ergänzend und übereinstimmend an. In anderen Beziehungen dagegen waren sie überraschend neu und machten mich mit einer Anzahl von Thatsachen bekannt, welche wohl zu den merkwürdigsten in der Naturgeschichte der Siphonophoren zu rechnen sein dürften. Dahin gehört vor Allem die auffallende Erscheinung, dass nur bei einem Theile der Physophoriden (z. B. bei *Physophora*) die Larve sich aus dem ganzen Eie entwickelt, während bei anderen (*Crystallodes*, *Athorybia*) von Anfang an sich ein Gegensatz von Bildungsdotter und Nahrungsdotter ausprägt; nur aus dem ersteren baut sich der Larvenleib auf, während der letztere einfach als Nahrungsmaterial von dem ersteren verbraucht wird. Diese Physophoriden zeigen mithin eine höchst auffallende Analogie mit der Embryobildung der Vertebraten, Cephalopoden und vieler Arthropoden. Ich werde nun zunächst die genaue Beschreibung der beobachteten Entwickelungsvorgänge geben und daran dann einige Reflexionen über deren Bedeutung knüpfen. Zuvor erscheint es jedoch nothwendig, einige Bemerkungen über die Grundformen der Siphonophoren-Larven vorauszuschicken, und die Topographie ihrer Körperregionen, sowie die ein für allemal beibehaltene Terminologie festzustellen.

II. Bemerkungen über die Grundform und die Topographie der Siphonophoren-Larven.

Die *Grundform* aller mir bekannt gewordenen Siphonophoren-Larven ist von Anfang an, oder wenigstens schon in sehr früher Zeit der Entwickelung, durchaus verschieden von der Grundform der grossen Mehrzahl der Hydromedusen. Bei den letzteren ist sie meistens rein *radial* oder *regulär* im Sinne der Autoren, bei den ersteren dagegen *bilateral* oder *symmetrisch*. Da diese in sehr verschiedenem Sinne gebrauchten Bezeichnungen sehr vieldeutiger Natur sind, so adoptiren wir behufs genauerer Bestimmung der Grundform die Bezeichnungen, welche Haeckel in seiner „Generellen Morphologie der Organismen" (Berlin 1866. Viertes Buch: Promorphologie oder Grundformenlehre, I, p. 375, 555) eingeführt hat. Demnach ist die geometrische Grundform der Siphonophoren-Larven die *einpaarige Form* (*Diplenra*), wie bei den Wirbelthieren, Arthropoden und Mollusken. Wie bei den letzteren ist auch bei den ersteren der ganze Körper nur aus *zwei Antimeren* oder Gegenstücken zusammengesetzt, welche symmetrisch gleich sind; die eine (linke) Hälfte ist das Spiegelbild der anderen (rechten). Es ist das die sogenannte „bilateral-symmetrische Form" der Autoren in der *vierten* Bedeutung dieses Begriffes. Die stereometrische Grundform ist eine *halbe Rhomben-Pyramide* oder eine einfachgleichschenkelige Pyramide, d. h. eine grade dreiseitige Pyramide, deren Basis ein gleichschenkeliges Dreieck ist.

Wie bei den meisten Wirbelthieren, Arthropoden und Mollusken, ist auch bei den Siphonophoren-Larven die Grundform nur während der ersten

Zeit der Entwickelung gleichhälftig oder *eudipleurisch;* späterhin wird sie durch ungleiche Entwickelung der beiden Seitenhälften mehr oder minder (zuletzt sehr auffallend) ungleichhälftig oder *dysdipleurisch.* In der ersten Zeit der Entwickelung sind aber die beiden Hälften (Antimeren oder Gegenstücke) der Siphonophoren-Larven in der That vollkommen symmetrischgleich und werden erst später mehr oder minder ungleich (*Pleuronectes-*Form). Die Siphonophoren-Larven liefern also, nicht weniger als die erwachsenen Siphonophoren, den stärksten Beweis für die Hinfälligkeit der Behauptungen von Agassiz, welcher selbst heutzutage noch Cuvier's Typus der Strahlthiere oder Radiaten als eine natürliche Hauptabtheilung des Thierreichs festhält, und den Typus der Coelenteraten mit dem grundverschiedenen Typus der Echinodermen verbindet. Alle echten radiaten oder strahligen Formen sind aus mehr als zwei, mindestens drei Antimeren zusammengesetzt (bei den Echinodermen meist fünf, bei den Medusen meist vier, bei den Gorgoniden acht u. s. w.). Der dipleure oder bilateral-symmetrische Leib der Siphonophoren-Larven dagegen besteht, gleich dem der Vertebraten, Mollusken, Arthropoden etc., nur aus zwei Antimeren, aus einer rechten und linken Hälfte (vergl. Taf. II, VIII, XIV).

Versuchen wir nun, entsprechend der Grundform der Wirbelthiere, Mollusken etc., auch bei den dipleuren Siphonophoren-Larven die verschiedenen *Körperregionen* fest zu bestimmen, so müssen wir von den maassgebenden Richtungs-*Axen* ausgehen. Wir schliessen uns auch hier den Ausführungen Haeckel's an (Generelle Morphologie I, p. 477). Wir können in jeder dipleuren Form drei auf einander senkrechte und sich gegenseitig halbirende Axen unterscheiden, welche den drei Dimensionen des Raumes entsprechen und von denen die eine gleichpolig ist, während die anderen beiden ungleichpolig sind, nämlich: I, die ungleichpolige Hauptaxe oder Längsaxe, deren erster Pol der Mundpol, der andere der Gegenmundpol ist; II, die ungleichpolige erste Richtaxe oder die Dickenaxe, deren erster Pol der Rückenpol, der andere der Bauchpol ist; III, die gleichpolige zweite Richtaxe oder die Breitenaxe, deren erster Pol der rechte, der andere der linke ist.

Die *Hauptaxe* (*axis longitudinalis, principalis*) wird bei den Siphonophoren-Stöcken naturgemäss durch den Stamm (das Coenosarc) bestimmt, und bei ihren Larven durch den primitiven Polypen, aus welchem der Stamm hervorgeht. Die Längsaxe dieses primären Polypiten ist zugleich die Hauptaxe der Larve. Der erste Pol derselben, der *Mundpol* (*polus oralis*), welcher dem *distalen* Pol von Huxley entspricht, wird durch den Mund des Polypiten bestimmt, der zweite dagegen, der *Gegenmundpol* (*polus aboralis*), welcher mit der *proximalen* Seite von Huxley zusammenfällt, durch das sogenannte Fussende des primären Polypiten, welches dem Mundende entgegengesetzt ist.

Dass die beiden Antimeren oder Gegenstücke, aus denen der Körper der Siphonophoren-Larve zusammengesetzt ist, sich in promorphologischer Hinsicht ebenso verhalten, wie die rechte und linke Seitenhälfte eines Wirbelthiers oder eines Mollusken, das wird beim ersten Anblick der Larve sofort klar, sowohl bei *Physophora* (Taf. I, II), als bei *Crystallodes* (Taf. VII, VIII) und *Athorybia* (Taf. XIV). Die gleichpolige *Seitenaxe* (*axis lateralis, dextrosinistra*) ist also leicht construirt. Es entsteht aber nun die Frage, welches von ihren beiden Polen ist der *rechte*, welcher der *linke*. Diese Frage ist nicht so leicht zu beantworten; dazu muss vorher die Vorfrage gelösst werden, welche Seite des Larvenkörpers haben wir als Bauchseite, welche als Rückenseite anzusehen; oder mit anderen Worten, es müssen die beiden Pole der *Dickenaxe* (*axis dorsoventralis, sagittalis*) bestimmt werden.

Es erscheint nun aus mehreren Gründen am naturgemässesten, ebenso bei dem entwickelten Siphonophoren-Stamme, wie bei dem primären Polypiten, aus welchem derselbe hervorgeht, diejenige Seite desselben als die ventrale oder Bauchseite zu bezeichnen, an welcher die Knospen des späteren secundären Polypiten, die Knospen der Schwimmglocken etc., hervorsprossen. Die Linie, in welcher ursprünglich diese Knospen hinter einander liegen, und welche anfangs longitudinal, erst später spiral gewunden am Stamme herabläuft, ist die Mittellinie der Bauchseite. Diese Seite ist bei der Larve von *Physophora* vorzugsweise durch das (einzige) Deckstück geschützt (Taf. I, II), bei der Larve von *Crystallodes* mit einem besonderen ventralen Deckstück versehen (Taf. VII, VIII, b_2). Die entgegengesetzte Seite ist die dorsale oder Rückenseite. Sie ist bei der Larve von *Physophora* durch den Schlitz des Deckstückes, bei der Larve von *Crystallodes* durch den Dotter bezeichnet.

Nachdem auf diese Weise die beiden ungleichpoligen Axen (Längen-und Dicken-Axe) nebst ihren Polen bestimmt sind, so ergiebt sich von selbst, welchen Pol der gleichpoligen (später etwas ungleichpoligen) Breitenaxe wir als rechten, welchen als linken zu betrachten haben. Bei den auf Taf. VIII abgebildeten *Crystallodes*-Larven z. B. ist dasjenige von den beiden lateralen Deckstücken, welches hinten zwei Tentakelrudimente trägt (b_3) das rechte, dasjenige welches nur eines trägt, das linke (b_4). Bei der Larve Fig. 49, Taf. VII, ist das rechte von den beiden lateralen Deckblättern (b_3) dem Beschauer zugewendet, das linke (b_4) von ihm abgekehrt.

Betrachten wir, mit Rücksicht auf diese Bestimmungen, die ausgebildete, mit vier Deckstücken versehene Larve von *Crystallodes* (Taf. VIII) welche im Ganzen ungefähr einen cubischen Umriss besitzt, so finden wir: I, die proximale oder aborale Seite durch das erste oder aborale Deckstück (b_1) verdeckt; II, die ventrale oder Bauchseite durch das zweite ventrale Deckstück (b_2) geschützt; ebenso sind III, und IV, die beiden Seitenflächen durch das rechte (b_3) und linke (b_4) laterale Deckstück verdeckt. Dagegen gelangen wir durch den dorsalen Spalt zwischen beiden letzteren, V, auf der Rückenseite zu dem rückenständigen Dotter (d). Die distale oder orale Seite endlich, VI, ist am wenigsten geschützt und erscheint als eine weite unregelmässige Oeffnung, durch welche man zunächst zum Munde des Polypiten gelangt.

Was die topographische Haltung der Siphonophoren-Larven im Meere anbetrifft, so ist diese vor dem Auftreten der Luftblase im Luftsacke unbestimmt, indem der Körper durch die Flimmerbedeckung seiner gesammten Oberfläche langsam im Wasser unhergetrieben wird, ohne das sich ein bestimmtes Vorn und Hinten, Oben und Unten unterscheiden liesse. Sobald jedoch die Luftabsonderung im Luftsacke begonnen hat, bleibt dieser Theil des Körpers, also der aborale oder proximale, beständig nach oben gerichtet, und die entgegengesetzte, orale oder Mundseite nach unten.

Was die Bezeichung der einzelnen Theile der Schwimmblase oder des hydrostatischen Apparates der Siphonophoren betrifft, so schliessen wir uns in dieser Beziehung an Huxley, Leuckart und Claus an. Wir nennen demgemäss den obersten (proximalen oder aboralen) Abschnitt des Stammes, welcher die Schwimmblase umschliesst, *Luftkammer* oder *Pneumatophor* (*l*). Dagegen nennen wir *Luftsack* oder *Pneumatosaccus* (*a*) das „Entoderma reflexum" („the reflected Entoderm" von Huxley) das, nach seiner Abschnürung vom Entoderm des Aboralpols, die wesentliche Grundlage des ganzen Apparates bildet. *Luftflasche* oder *Pneumatocystis* endlich (*u*) nennen wir den structurlosen, unmittelbar die Luftblase umschliessenden Sack, welcher eine Ausscheidung der inneren Oberfläche des Luftsackes ist und von diesem umschlossen wird.

Den Ausdruck „*Tentakel*" werden wir bei unserer Beschreibung der Siphonophoren vermeiden, weil derselbe hier für zwei ganz verschiedene Theile angewandt worden ist. Gegenbaur, Vogt und andere Autoren bezeichnen als Tentakeln die blindsackförmigen hydroiden Individuen, welche Huxley „Hydrocysts" nennt. Für diese werden wir nach Leuckart den Ausdruck „*Taster*" (*palpus*) beibehalten. Den sogenannten „accessorischen Fangfaden", welcher bei *Physophora* und anderen Siphonophoren von der ventralen Basis des Tasters entspringt und sich zu letzterem morphologisch genau so verhält, wie der Fangfaden zu seinem Polypen, nennen wir *Tastfaden* (*filum palpans*, *tf*). Huxley und Andere verstehen unter Tentakeln die Fangfäden oder Angelfäden der Polypen, für welche wir den Ausdruck *Fangfaden* (*filum captans*, *f*) beibehalten werden, um Zweideutigkeiten zu vermeiden. Die Polypen selbst oder die sogenannten Saugröhren (Magenschläuche) bezeichnen wir mit Huxley als *Polypiten* (*p*).

III. Individuelle Entwickelungsgeschichte von Physophora.

(Hierzu Taf. I—V.)

Die *reifen Eier* von *Physophora* 1) (Taf. I, Fig. 1) sind kugelig und haben einen Durchmesser von 0,5^{mm}. Wie die Eier aller übrigen Siphonophoren sind dieselben durchaus hüllenlos; weder innerhalb des Eierstocks (des „Gynophors") noch nach ihrem Austritt aus demselben, gelingt es eine Membran an denselben nachzuweisen. Das *Plasma* oder Protoplasma der nackten Eizelle, der Dotter, ist, wie bei den übrigen Siphonophoren, wasserhell, fast ganz durchsichtig, so dass man ohne Weiteres Keimbläschen, Keimfleck und Keimpunkt im demselben wahrnimmt. Bei starker Vergrösserung (über 300) erscheint die hyaline Plasma-Substanz des Dotters, wie bereits Gegenbaur fand, aus lauter dichtgedrängten kleinen hellen Körnern von ungefähr gleicher Grösse zusammengesetzt, welche durch gegenseitigen Druck polyedrisch abgeplattet sind. Der Kern der Eizelle, das *Keimbläschen*, ist eine helle, scharf umschriebene Kugel von 0,1^{mm} Durchmesser. Er umschliesst einen ebenfalls kugeligen, stark lichtbrechenden *Keimfleck* oder Kernkörperchen von 0,02^{mm} Durchmesser; und in diesem lässt sich abermals deutlich ein innerstes Kügelchen von 0,005^{mm} Durchmesser unterscheiden, der *Keimpunkt* oder *Nucleolinus* (*punctum germinativum*). Vergl. Taf. I, Fig. 1.

1) Ueber die Anatomie von *Physophora* vergl. vorzüglich die angeführten Schriften von Leuckart, Vogt, Gegenbaur, Huxley und die Monographie von Claus (1860).

Der *Furchungsprocess* des Eies verläuft in der gewöhnlichen regelmässigen Form, ohne eine besondere Eigenthümlichkeit darzubieten. Wie bereits Gegenbaur fand (l. c. p 50) ist ein bei der Eifurchung der Siphonophoren „besonders genau zu verfolgender Umstand die jedesmalige Theilung des Keimbläschens, welche der Theilung des Dotters vorausgeht; in gleicher Weise verhalten sich dann auch die Theilungsproducte des Keimbläschens zu der Bildung neuer Dotterkugeln." Ich kann diese positive Beobachtung Gegenbaur's, welche für die theoretisch wichtige Frage von der Continuität der Zellengenerationen von hoher Bedeutung ist, durch mehrfache eigene Beobachtungen bestätigen 1). Der ersten Halbirung des Eidotters geht die Halbirung des Keimbläschens, und dieser wiederum die Halbirung des Keimfleckes voraus. Aller Wahrscheinlichkeit nach erfolgt auch diese erst nach vorhergegangener Halbirung des Keimpunktes. Es geht also, und es erscheint dies von hoher Wichtigkeit für die physiologische Bedeutung des Zellenkerns und Kernkörperchens (als Fortpflanzungs- und Vererbungs-Organes), der Process der Zellenvermehrung bei der Furchung von den innersten Theilen der Zelle aus, denen die Halbirung des äusseren Plasma erst als consecutive und secundäre Erscheinung nachfolgt. Durch die primäre Theilung des Nucleolus und dann des Nucleus entstehen im dem einheitlich centralisirten Zellen-Individuum des Eies zwei neue differente Gravitationscentra, welche auf sich gegenseitig abstossend, auf die übrige Plasma-Masse aber anziehend wirken. Für die mechanische, causale Auffassung von dem „vitalen" Process der Eifurchung erscheint uns daher die positive Constatirung jener Thatsache von nicht geringer Bedeutung.

1) Seltsamer Weise wird diese *positive* Beobachtung Gegenbaur's, an den Eiern der Siphonophoren und von *Sagitta*, welche auch mit der von Johannes Müller an den Eiern der *Entoconcha mirabilis*, von Baer an den Eiern von *Echinus*, und von Leydig an den Eiern verschiedener Wirbellosen beobachteten Thatsache übereinstimmt, von Kölliker in seiner Entwickelungsgeschichte des Menschen und der höheren Thiere als eine „*negative*" bezeichnet, welcher aus diesem Grunde, gegenüber den zahlreichen „*positiven* Beobachtungen vom *Schwinden* des Keimbläschens" keine grosse Bedeutung beizulegen sei (l. c. p. 33). Es dürfte denn doch wohl richtiger sein, diejenigen Beobachtungen als die *positiven* zu bezeichnen, bei denen es gelang, die Entstehung der Kerne der beiden ersten Furchungskugeln durch Theilung des Keimbläschens zu constatiren.

Zuerst zerfällt demnach bei der beginnenden Entwickelung des Eies der Siphonophoren der innerste Keimpunkt in zwei Nucleolini, demnächst der umgebende Keimfleck in zwei Nucleoli, dann das diese umschliessende Keimbläschen im zwei Nuclei und endlich zuletzt der Dotter, das Plasma der Zelle, in zwei Hälften, deren jede sich um einen der beiden Nuclei concentrirt. Dieser letztere Process wird eingeleitet durch Bildung einer aequatorialen Ringfurche (Taf. I, Fig. 2). Im dem weiteren Verfolge des Furchungsprocesses zerfallen nun diese beiden Tochterzellen des Eies wiederum auf dieselbe Weise. Die so entstandenen vier Zellen zerfallen durch fortschreitende Halbirung in acht, die acht in sechszehn u. s. w. Stets geht dabei der Halbirung des Plasma diejenige des Nucleus, und dieser wieder diejenige des Nucleolus voraus.

Der Furchungsprocess des Siphonophoren-Eies verläuft sehr rasch, so dass er in der Regel schon am zweiten Tage, bisweilen noch vor Ablauf der ersten vierundzwanzig Stunden, vollendet ist. Die Zahl der dadurch entstehenden Zellen ist eine verhältnissmässig sehr geringe, da dieselben von sehr bedeutender Grösse sind (Taf. I, Fig. 3, 4; Taf. VI, Fig. 36, 37; Taf. XIV, Fig. 93). Ihr Durchmesser beträgt durchschnittlich $0,08^{mm}$, bei einzelnen Zellen aber auch über $0,1^{mm}$. Der Durchmesser ihrer kugeligen Kerne beträgt den zehnten Theil, $0,008—0,01^{mm}$. Durch gegenseitigen Druck platten sich die Zellen polyedrisch ab. Eine Membran ist auch nach vollendeter Furchung an diesen Zellen durchaus nicht wahr zu nehmen. Die Producte der Eitheilung sind demnach hüllenlose Urzellen. Das Plasma bleibt so klar und wasserhell, wie das Plasma (der Dotter) des ungefurchten Eies war. In jeder Zelle tritt ein kugeliger, klarer, scharf umschriebener Kern mit einem Nucleolus sehr scharf hervor (Fig. 3, 4).

Nach vollendeter Furchung bildet der dadurch entstandene Zellenhaufen eine kugelige Masse von anfangs sehr unregelmässigen Umrisse, der sich erst gegen das Ende des zweiten Tages mehr ebnet und erst am dritten eine rein sphärische Oberfläche zeigt (Taf. I, Fig. 3). Das sehr unregelmässige und höckerige Aussehen derselben am zweiten Tage ist vorzüglich bedingt durch *eigenthümliche amoebenartige Bewegungen*, welche die *Furchungs-*

zellen, besonders die an der Oberfläche gelegenen, um diese Zeit ausführen. Da ich diese amoeboiden Bewegungen, welche in dem Austreiben und Einziehen zahlreicher formveränderlicher Fortsätze bestehen, bei *Crystallodes* deutlicher und genauer als bei *Physophora* beobachtet habe, werde ich sie unten bei der ersteren beschreiben (Vergl. Taf. VI, Fig. 36).

Nachdem die unregelmässig höckerige Oberfläche des „maulbeerförmigen" Haufens der Furchungskugeln sich schon gegen Ende des zweiten Tages mehr geebnet und sphaerisch abgerundet hat, überzieht sich dieselbe am *dritten Tage* mit einem feinen *Flimmerepithel*. Die Wimpern desselben sind unmittelbare Fortsätze des nackten, hüllenlosen Plasmakörpers derjenigen Zellen, welche die Oberfläche des kugeligen Haufens begrenzen (Taf. I, Fig. 4). Diese Zellen der oberflächlichsten Schicht erscheinen kleiner und viel stärcker abgeplattet, als die polyedrischen darunter gelegenen Zellen, und es wird hierdurch bereits eine Differenzirung in äussere Zellenschicht (Ectoderm, *e*) und innere Zellenmasse (Entoderm, *i*) angedeutet. Noch deutlicher tritt diese Differenzirung am vierten und den folgenden Tagen hervor. Vermittelst des Flimmerepithels, welches das Ectoderm darstellt, schwimmt nun die kugelige Larve, langsam rotirend oder in Spiralen sich fortwälzend, im Wasser umher. *Der totale Wimperüberzug des Körpers dauert auch durch alle folgenden Entwickelungsstadien der Larve fort*, so lange dieselben verfolgt werden konnten. Sämmtliche Theile, auch der entwickelten Larve (Fig. 23), also Polypit, Deckstück, Fangfaden, Taster und Knospen, sind von demselben continuirlich zusammenhängenden Wimperepithel des Ectoderm bedeckt.

Am vierten Tage geht die bisherige Kugelform der Larve durch langsame Ausbildung einer Hauptaxe in die Form eines *Ellipsoides* über (Taf. I, Fig. 5). Die beiden Pole der *Hauptaxe* des Ellipsoids, welche der späteren Längsaxe des Larven-Polypiten entspricht, sind anfangs noch nicht verschieden. Auch die Zellen, welche den ellipsoiden Larvenkörper zusammensetzen, zeigen am vierten Tage noch keine Veränderung. Sowohl die kleineren, abgeplatteten, wimpernden Zellen der oberflächlichsten Schicht oder des Ectoderms, als auch die grösseren polyedrischen Zellen des übrigen Körpers, besitzen noch dieselbe wasserklare glasartige Beschaffenheit, wie die unsprünglichen

Furchungszellen. Jede Zelle zeigt deutlich einen Kern, welcher einen Nucleolus enthält.

Am fünften Tage beginnen die beiden Pole der Längsaxe des ellipsoiden Larvenkörpers sich zu differenziren. Jener Pol der Längsaxe, an welchem sich späterhin der Mund des primären Polypiten ausbildet und welchen wir desshalb als Oralpol (Huxley's Distalende) bezeichnet haben, bleibt noch unverändert. An dem entgegengesetzten Pole dagegen, der desshalb als Aboralpol oder als Proximalende zu bezeichnen ist, entsteht eine sichtliche Trübung, welche sich bald als ein deutlicher kreisrunder Fleck von dem übrigen helleren Gewebe des Larvenkörpers abhebt. Wir können diesen Fleck, von welchem zunächst allein die nachfolgenden wichtigen Veränderungen des Larvenkörpers ausgehen, vorläufig als *Fruchthof* (area germinativa) bezeichnen, vorzüglich mit Rücksicht auf den analogen Fleck, welcher sich an den Larven von *Crytallodes* und *Athorybia* bildet (vergl. unten). Die Entstehung dieses Fruchthofs ist bedingt durch eine lebhafte Vermehrung der Zellen des Entoderms (i) an dem aboralen Pol der Hauptaxe. Die dadurch entstehenden kleineren Zellen bilden bald zwei deutliche über einander liegende Schichten von Zellen, welche sich durch ihre geringere Grösse und ihren trüberen körnigen Zellstoff (Plasma) scharf von den darüber liegenden helleren Zellen des Ectoderms (e) und von den darunter liegenden wasserklaren grossen Zellen des übrigen Larvenkörpers absetzen. Der kreisrunde Fruchthof besteht nunmehr also aus *drei* über einander liegenden Zellenschichten oder *Blättern*, nämlich: 1°, dem äusseren Keimblatt oder Ectoderm (e); 2°, der äusseren Schicht des verdickten Entoderms, dem mittleren Keimblatt, und 3°, der inneren Schicht des Entoderms, dem inneren Keimblatt.

Am sechsten Tage (Taf. I, Fig. 6) beginnt sich ein wenig Flüssigkeit zwischen den beiden Blättern des Entoderms, welche sich von einander abheben, anzusammelen. So entsteht am aboralen oder proximalen Pole der ellipsoiden Larve die kleine *Primitivhöhle* (z), *die erste Anlage des Gastrovascular-Systems* oder des coelenterischen Höhlen-Systems, welches die Ernährung der Siphonophoren, wie aller anderen Coelenteraten vermittelt. Die Wand der kappenförmigen, beinahe halbkugeligen Hervorragung, welche durch die coelenterische Primitivhöhle (*z*) an dem aboralen Ende der ellipsoiden Larve gebildet wird, ist aus zwei Zellenschichten zusammengesetzt, aus dem wimpernden Ectoderm (*e*) und aus dem darunter liegenden äusseren Blatte des gespaltenen Entoderms (*i*), oder dem mittleren Keimblatte des Fruchthofs.

Am siebenten Tage (Taf. I, Fig. 7) geht die bisherige ellipsoide, an beiden Polen der Hauptaxe abgerundete Gestalt des Larvenkörpers in eine mehr spindelförmige über, indem sowohl das orale als das aborale Ende sich kegelförmig zuspitzen. Der aborale Pol aber erleidet eine noch bedeutendere Veränderung dadurch, dass zwischen den beiden Blättern, welche die aborale Wand der kappenförmig vorspringenden Primitivhöhle (*z*) bilden, sich eine beträchtliche Quantität einer homogenen hyalinen Gallertmasse (*q*) ansammelt. Diese Gelatine, in jeder Beziehung derjenigen gleich, welche den Gallertschirm der craspedoten Medusen bildet, ist ein Ausscheidungsproduct des wimpernden Ectoderms (*e*), welches dadurch von dem äusseren Blatte des Entoderms (*i*) abgehoben wird. So entsteht die *erste Anlage des kapuzenförmigen Deckstückes* (*b*), welches den aboralen Körpertheil der Larve von *Physophora* bedeckt.

Am achten Tage (Taf. I, Fig. 8) wird die Ansammlung der hyalinen Schirmgallert (*q*) zwischen Ectoderm (*e*) und Entoderm (*i*) beträchtlicher, besonders gegen die orale Seite, die Basis der Kappe hin. Zugleich beginnt die Flüssigkeits-Ansammlung in der kleinen Primitivhöhle (*z*) sich zu vermehren, so dass dieselbe nunmehr einen beutelförmigen Vorsprung in das solide Gewebe des Larvenkörpers hinein macht. Dieser Vorsprung (*a c*), welcher eine directe Verlängerung der unsprünglichen Primitivhöhle in oraler (oder distaler) Richtung darstellt, ist *die erste Anlage des Luftsackes* (*a*). Es erscheint also nunmehr die Primitivhöhle aus zwei kolbenförmigen Höhlungen zusammengesetzt, welche durch einen kurzen und engen Verbindungscanal zusammenhängen. Die aborale Höhlung (*b c*) wird zum Ernährungsgefäss des Deckstückes (*b*); ihre Wand wird von dem mittleren Keimblatt (der äusseren Lamelle des gespaltenen Entoderm) gebildet und ist ringsum von Gallertmasse (*q*) umgeben. Die kleinere orale Höhlung dagegen (*a c*) wird zur

Höhlung des Luftsackes; ihre Wand (*a*) wird von dem inneren Keimblatt (der inneren Lamelle des gespaltenen Entoderm) gebildet, und ist ringsum von den grossen hyalinen Zellen des soliden Larvenkörpers umgeben. An dem oralen Pole des letzteren beginnen um diese Zeit sich im Ectoderm die ersten Nesselkapseln zu bilden, und zwar in denjenigen Zellen, welche später die Mundöffnung (*o*) umgeben.

Am neunten Tage (Taf. I, Fig. 9, 10) nehmen die beiden Abtheilungen der Primitiv-höhle an Grösse bedeutend zu, indem sich namentlich ihre Enden kolbig erweitern (*b c* und *a c*). Noch beträchtlicher wächst die zwischen dem Ectoderm (*e*) und der Wand (*i*) der proximalen Höhle abgeschiedene Gallertmasse (*g*) namentlich an der ventralen Seite. Zugleich hebt sich diese Gallerte fast kapuzenförmig oder helmförmig von dem aboralen Körperende der Larve ab, indem sich eine schräg um dasselbe herumlaufende Furche ausbildet. So gränzt sich zuerst scharf das dem Medusenschirm entsprechende *Deckstück* (*b*) von dem übrigen Larvenkörper ab. An letzterem sondert sich jetzt deutlich eine unter dem Ectoderm gelegene Zellenlage, als Entoderm, von den nach innen davon gelegenen grösseren und helleren Zellen des soliden Larvenkörpers. Zwischen letzteren und dem Entoderm bildet sich (unterhalb der schrägen Furche welche das Deckstück abhebt) ein mit Flüssigkeit erfüllter Raum (*p c*), welcher an der Stelle, wo beide Abtheilungen der Primitivhöhle durch einen engen kurzen Canal zusammenhängen, mit diesen in offene Communication tritt. Dieser Raum (*p c*), welcher also gewissermaassen eine Ausstülpung der Primitivhöhle darstellt, ist die *erste Anlage der Magenhöhle*, oder der Leibeshöhle des Polypiten.

Es wird nun bereits klar, dass die Hauptmasse des Larvenleibes, welche sich von dem helmförmigen proximalen Deckstück abhebt, zum primitiven *Polypiten* (Polypen oder Saugrohr) wird, und zwar besteht dieser nun aus folgenden Theilen: 1°, aus der äusseren Hülle des wimpernden *Ectoderm*; 2°, aus der darunter gelegenen Zellenschicht des *Entoderm*; 3°, aus der grosszelligen hyalinen Masse welche den Rest des Larvenkörpers bildet und welche zum *Dotter* (*d*) wird; 4°, aus der Anlage der *Magenhöhle* (*p c*) und endlich 5°, aus dem *Luftsack* (*a*). Der letztere kommt durch die an der Ventralseite des Polypiten stattfindende Ausbildung der Magenhöhle an die

Dorsalseite seines proximalen Endes zu liegen, wo die Einschnürung der Ringfurche am schwächsten ist. Der noch gänzlich geschlossene coelenterische Hohlraum besteht jetzt aus drei Kammern, welche in einem Puncte zusammentreffen, aus dem Nährcanal des Deckstücks (bc), aus der Höhlung des Luftsackes (ac) und aus der Magenhöhle des Polypiten (pc).

Am zehnten Tage (Taf. I, Fig. 11, 12) schnürt sich der Luftsack (a), an der Stelle, wo seine Höhlung mit den beiden andern Höhlen (bc und pc) communicirte, von denselben ab, indem das Entoderm (oder genauer die innere Spaltungslamelle desselben, welche das innere Keimblatt bildete) an der offenen Mündungsstelle des Luftsackes in die vereinigte Magen- und Deckstück-Höhle verwächst und diese Mündung verschliesst. Die Magenhöhle (pc_1) erweitert sich. Unabhängig von dieser bildet sich eine andere, mit Flüssigkeit erfüllte Höhlung (pc_2) im oralen oder distalen (unteren) Theile des Polypiten, indem sich auch hier das Entoderm (i) von dem grosszelligen Reste des Larvenkörpers oder dem Dotter (d) abhebt. Diese Höhlung (pc_2), dem Lumen des späteren Rüssels entsprechend, fliesst später mit der eigentlichen (proximal gelegenen) Magenhöhle zusammen. Die Gallertmasse des Deckstücks wächst von nun an fast ausschliesslich auf der ventralen, fast gar nicht auf der dorsalen Seite. In derselben tritt jetzt deutlich ein kurzer, oft schon an früheren Tagen bemerkbarer, aus kleinen Zellen gebildeter Strang hervor (y), welcher von dem Entoderm des Deckstück-Canals zu dem Ectoderm an der aboralen Bauchseite des Deckstücks verläuft und hier in einen kleinen zelligen Knopf (x) endigt, dessen Zellen kleine Nesselkapseln enthalten. Dieser morphologisch vielleicht sehr wichtige Zellenstrang ist wahrscheinlich das Rudiment eines verödeten Nährcanals.

Der Polypiten-Körper enthält also nun am Ende des zehnten und am Anfang des elften Tages nicht weniger als drei mit Flüssigkeit erfüllte, geschlossene Höhlungen, nämlich 1", die abgeschnürte Luftsackhöhle, ac ("the reflected Entoderm" von Huxley), 2", den proximalen oder oberen Theil der Magenhöhle (pc_1), welcher mit dem Deckstück-Canal (bc) communicirt, und 3", den unteren oder distalen Theil der Magenhöhle (pc_2).

Am elften Tage (Taf. I, Fig. 13, 14) zeigt sich in dem bisher nur mit Flüssigkeit gefüllten Luftsacke (*a*) in der Regel zum ersten Male die *Luftblase* (*uv*), welche der Larve als hydrostatischer Apparat dient. In anderen Fällen tritt jedoch die Luftentwickelung im Luftsacke erst später ein, und bei einigen Individuen, bei denen sich der Luftsack schon am achten Tage von dem Nährcanal des Deckstücks abgeschnürt hatte, erfolgte auch schon am selben Tage die Luftabsonderung. Die Luft muss entweder von der (aus dem Entoderm gebildeten) Wand des Luftsackes (*a*) oder aus der in seiner Höhlung (*ac*) enthaltenen Füssigkeit abgesondert werden. Die Bildung der *Luftflasche* (*u*), der structurlosen dünnen Membran, welche die Luftblase unmittelbar umschliesst und welche durch eine (orale) Oeffnung mit der Höhlung des Luftsackes zu communiciren scheint, findet wahrscheinlich erst nach Secretion der Luftblase statt. Auch diese (dem Chitin in chemischer Beziehung nahe stehende) structurlose Haut ist eine Ausscheidung, welche innerhalb des geschlossenen Luftsackes entsteht.

Am zwölften Tage (Taf. I, Fig. 15, 16) nimmt die Luftabsonderung im Luftsacke zu, und die anfangs kugelige Luftblase nimmt gewöhnlich, der Form des Luftsackes entsprechend, eine ellipsoide Gestalt an. Jedoch erfüllt jetzt und in der nächsten Zeit die Luftblase nur etwa die geräumigere obere oder proximale Hälfte des Luftsackes (*a*), während die engere untere oder distale Hälfte von Flüssigkeit erfüllt bleibt. In dieser Flüssigkeit ist meistens eine geringe Menge einer gelblichen körnigen Masse (einem granulösen Niederschlage ähnlich) sichtbar. Die Ausdehnung des Luftsackes erfolgt zum Theil auf Kosten des Dotters (*d*), in dessen Proximalen Theile der Luftsack eingeschlossen ist. Der Dotter (oder der grosszellige centrale Rest des ursprünglichen Larvenleibes) nimmt um diese Zeit an Umfang bedeutend ab. Die bisher getrennten beiden Höhlungen des Polypiten, die obere eigentliche Magenhöhle (pc_1) und die untere oder Rüsselhöhle (pc_2) treten in Communication, so dass nunmehr der Dotter von den Magenwänden abgelöst erscheint und frei in die Magenhöhle (*pc*) herabhängt, nur am aboralen Theil der Rückenseite des Polypiten, da wo der Luftsack das Entoderm der Magenwand berührt, mit letzterem zusammenhängend.

Eine weitere wichtige Veränderung am zwölften Tage bildet das Erscheinen von *zwei Knospen* (*g*), welche aus dem oberen (proximalen) Theile der Bauchwand des Polypiten (gegenüber der dorsalen Insertion des Luftsackes) hervorbrechen. Die eine von diesen beiden Knospen wird zum *Fangfaden* des Polypiten (*f*), die andere zum ersten *Taster* (*t*). Beide Knospen erscheinen jetzt und in den nächsten Tagen noch als einfache schlauchförmige Ausstülpungen der Magenwand, deren beide Schichten (*e* und *i*), ebenso wie die Höhle des Polypiten, sich in dieselben fortsetzen. Die Knospen werden völlig verdeckt von dem kapuzenförmigen Deckstück (*b*), welches auf der Bauchseite des Polypiten schon bis über dessen Mitte herabreicht. Auf der Rückenseite ist das Deckstück bis zur (dorsalen) Insertionsstelle des Luftsackes hinauf gespalten und bildet hier einen weit offenen Schlitz, welcher in die (der Schirmhöhle der Medusen entsprechende) Höhle des Deckstücks führt. Die Ränder dieses Schlitzes sind oft wellenförmig gebogen oder etwas ausgerandet.

Am dreizehnten Tage (Taf. II, Fig. 17) und *am vierzehnten Tage* (Taf. II, Fig. 18) gehen keine wesentlichen Veränderungen mit der Larve vor. Das Deckstück (*b*), die beiden von demselben bedeckten Knospen (*g*) und der Leib des primären Polypiten (*p*) wachsen auf Kosten des Nahrungsdotters (*d*) oder des Restes des ursprünglichen Larvenleibes, welcher jetzt wie ein innerer Dottersack von dem Luftsacke in die geräumige Magenhöhle herabhängt. Der Luftsack (*a*) ist, gegenüber den ventral vortretenden Knospen, dorsal inserirt an dem oberen (aboralen) Ende des Polypiten, da wo dasselbe in das helmförmige Deckstück (*b*) übergeht. Der Nährcanal des Deckstücks (*bc*) communicirt hier mit der Magenhöhle, wie auch das Entoderm des ersteren (*i*) unmittelbar in das der letzteren übergeht. Der untere, orale Theil des Polypiten, der spätere Rüssel, fängt an sich von dem oberen, dem eigentlichen verdauenden Magen zu differenziren. In dem Entoderm des letzteren bilden sich grosse hyaline, flach elliptische Zellen mit einem kleinen Kern, welche in mehreren Querreihen über einander gestellt erscheinen. In dem Rüssel dagegen bilden die Zellen des Entoderms ein hohes Cylinder-epitel und erscheinen von nun an dergestalt von unten und aussen nach innen und oben geschichtet, dass das Entoderm des Rüssels auf der Längsschnittsansicht wie gefiedert erscheint. In dem Ectoderm des Mundendes erreichen zugleich die schon früher angelegten Nesselkapseln eine stärkere Entwickelung. Gewöhnlich erfolgt auch schon am dreizehnten oder vierzehnten Tage der Durchbruch der Mundöffnung (*o*), welcher bei anderen Individuen erst einige Tage später beobachtet wurde. Die Larve von *Physophora* hat jetzt viel Aehnlichkeit mit einer einfachen eudipleuren Meduse, z. B. der Meduse von *Hybocodon prolifer*, welche Agassiz abgebildet hat (Contributions etc., Vol. IV, Pl. XXV). Der Körper besteht hier wie dort aus einem einfachen, bilateral-symmetrischen oder dipleuren Medusenschirm, in dessen Grunde der Magen aufgehängt ist. Die einseitige Entwickelung des einzigen Tentakels und der an dessen Basis hervorsprossenden Knospen bedingt bei *Hybocodon* ebenso die Grundform, wie die einseitige (ventrale) Entwickelung des Fangfadens (*f*) und der mit ihm hervorsprossenden Knospe (*g*) bei der *Physophora*-Larve. Besonders interessant ist aber der rudimentäre Canal, welcher bei *Hybocodon*, von der Insertion des Magens ausgehend, die Gallertmasse des Schirms durchsetzt und in dessen Ectoderm mit Bildung eines kleinen Nesselknopfs endigt (Agassiz, l. c. Fig. 14, d_1). Dieser Canal, welcher früher bei der hervorknospenden Meduse deren Ernährung durch Zusammenhang mit dem mütterlichen Polypen vermittelte und den die Meduse anheftenden Stiel durchsetzte, verödet nach der Ablösung des letzteren. Ich glaube, dass ein *Homologon dieses rudimentären Stielcanals* der oben erwähnte rudimentäre Canal (*y*) ist, welcher bei der *Physophora*-Larve, von dem Ernährungs-Canal des Deckstücks (*bc*) ausgehend, die Gallertmasse desselben durchsetzt und auf seiner Bauchseite im Ectoderm mit Bildung eines Nesselknopfs (*x*) endigt. Bisweilen (Fig. 20, Taf. II) geht dieser verödete Canal (*y*) direct von der Magen-Insertion aus, wie bei der Meduse von *Hybocodon*. Wenn diese Vergleichung richtig ist, wie ich glaube, so müssen wir in jenem rudimentären Schirmcanal der *Physophora*-Larve ein *morphologisch höchst wichtiges* (obwohl physiologisch gänzlich werthloses!) *Erbstück* von uralten Vorfahren erblicken, von einfachen Medusen-Ahnen, welche gleich *Hybocodon* an einem Polypen hervorgesprosst waren. Es erscheint uns dieses rudimentäre Organ als ein höchst bedeutsamer Fingerzeig für die Phylogenie der Siphonophoren!

Wenn die ganze *Physophora*-Larve in diesem Stadium einem einfachen Medusen-Körper entspricht, wenn ihr Deckstück (*b*) einem Medusen-Schirm, und ihr Polypit (*p*) einem Medusen-Magen homolog ist, so erscheint mithin die ganze Larve jetzt noch als ein *einfaches Hydromedusen-Individuum* im gewöhnlichen Sinne (als eine *"Person"* im Sinne Haeckel's). Dagegen würde nach der meist verbreiteten, namentlich von Leuckart vertretenen Deutung des Siphonophoren-Polymorphismus unsere Larve jetzt bereits eine Colonie (einen echten Stock, *"Cormus"*) von zwei Individuen oder Personen darstellen, da demgemäss sowohl der Magen (Polypit) als der Schirm (Deckstück) als selbstständiges Individuum aufzufassen wäre. Allerdings würde dann der Medusenstock aus einem Medusenschirm ohne Magen und aus einem Medusenmagen ohne Schirm zusammengesetzt sein.

Am fünfzehnten Tage (Taf. II, Fig. 19) *und am sechzehnten Tage* (Taf. II, Fig. 20) hat die Ausbildung des Deckstücks ihren Höhepunkt erreicht, während dasselbe in den folgenden Tagen durch stärkeres Wachsthum des Polypiten wieder zurücksinkt. Das Deckstück (*b*) ist jetzt fast 0,8^{mm} lang und 0,4^{mm} breit, und umhüllt als eine schlanke, fast kegelförmige Glocke zwei Drittheile bis drei Vierttheile des Polypitenkörpers (*p*), von welchem bloss der Rüssel unten durch der Schlitz frei hervorragt. Die Deckstück-Glocke oder Kapuze ist beinahe doppelt so lang als breit; ihre grösste Breite liegt in der Mitte der Körperlänge; der Gipfel, welcher den Nährcanal *bc* umschliesst, bildet einen kleineren, abgestumpft kegelförmigen Aufsatz. Die Ränder des langen und schmalen Rücken-Schlitzes sind wellenförmig gebogen. Die einzelnen Theile des Polypiten differenziren sich jetzt immer stärker, besonders Entoderm und Ectoderm des Rüssels. Um die Mundöffnung (*o*) häufen sich die grossen Nesselzellen. Der Dotter (*d*), welcher von dem oralen Ende des Luftsackes (*a*) in die Magenhöhle frei hereinhängt, wird immer mehr reducirt. Von den beiden, zuerst gebildeten Knospen (neben welchen bereits ein oder zwei neue gleiche Knospen aus der Bauchseite des aboralen Polypiten-Endes hervortreten) wird die erste (*fg*, Fig. 17) zum Fangfaden des Polypiten, die zweite (*tg*) zum Taster. Der Fangfaden (*fg*) verlängert sich rasch und bildet knopfförmige Anlagen von (drei bis vier) secundären Fangfäden (Fig. 20).

Vom siebzehnten Tage bis zum einundzwanzigsten Tage (Taf. II, Fig. 21) verschwindet der Dotter (*d*) oder der Rest von der groszelligen hyalinen Centralmasse des ursprünglichen Larvenkörpers völlig, so dass das distale oder orale Ende des Luftsackes (*a*) nun unmittelbar in das oberste (proximale oder aborale) Ende der Magenhöhle (*pc*) hineinragt. Die beiden zuerst angelegten Knospen an der Bauchseite des proximalen Polypiten-Endes entwickeln sich bedeutend und werden durch Entwickelung neuer Knospen an dieser Stelle aus einander gedrängt. So wird die zweite Knospe, welche sich zu einem spindelförmigen Blindsacke, dem ersten Taster (*t*), erweitert, zunächst mehr auf die linke und dann auf die dorsale Seite des Polypiten gedrängt, während die erste Knospe, der Fangfaden (*f*) des Polypiten, auf der rechten und ventralen Seite stehen bleibt. Der Fangfaden ragt ausgestreckt aus der Glockenmündung hervor, und zeigt schon 6—8 secundäre Fangfäden, deren Enden in rundliche kolbenförmige Nesselknöpfe übergehen. Schon jetzt ist die Spirallinie zu erkennen, welche die in einer Reihe nach einander auftretenden Knospen an der Magenbasis des primitiven Polypiten, welcher somit zum Stamm der Colonie wird, bilden. Diese Spirale läuft von der Bauchseite auf der linken Seite des Polypiten zur Rückenseite, und ist links gewunden (rechts gewunden im Sinne der Technik).

In der *vierten Lebenswoche*, vom XXII^{sten} bis zum XXVIII^{sten} Tage, erleidet die Larve von *Physophora*, vom Wachsthum abgesehen, nur wenige und verhältnissmässig geringe Veränderungen. Die wesentlichste besteht in der vollen Entwickelung des ersten *Tasters* (*t*), welcher halb so lang und halb so breit als der Polypit (*p*) wird, jedoch später von letzterem im Wachsthum wieder überflügelt wird. Der Taster ist ganz auf die Rückenseite des Polypiten gerückt und wird hier aus dem Spalte des Deckstückes (*b*) tastend hervorgestreckt. Fig. 22, Taf. II, stellt eine Larve vom XXIII^{sten} und Fig. 23, Taf. II, eine Larve vom XXV^{sten} Tage dar, erstere von der rechten, letztere von der dorsalen Seite gesehen. Die Länge der Larve beträgt etwas über 1^{mm}, die Breite ungefähr $\frac{1}{2}^{mm}$. Der verlängerte Polypit (*p*) ist jetzt beinahe doppelt so lang, als das Deckstück (*b*). Zwischen dem dünneren Ectoderm (*e*) und dem dickeren Entoderm (*i*) des Polypenleibes ist eine Lage von Ringmuskeln sichtbar, welche sich aus dem Entoderm entwickelt hat. Der dünn sich zuspitzende Rüssel ist am Mundende mit grossen Nesselzellen dicht gespickt. In der blind geendigten Spitze des Tasters erscheint eine kleine krystallähnliche weisse Concretion, und in dem Ectoderm der Spitze entwickelt sich eine Gruppe von Nesselzellen. An dem proximalen Ende des Polypiten sprossen zwischen dem ventralen Fangfaden (*f*) und dem auf die Rückenseite gerückten Taster (*t*) zahlreichere Knospen hervor, die Anlagen von neuen Tastern und deren Tastfäden (*g*). Ferner tritt eine kleine Knospe aus der Basis des ersten Tasters hervor, die Anlage seines Tastfadens (*tf*). Der Fangfaden (*f*) des Polypiten verlängert sich bedeutend und entwickelt zahlreichere secundäre Fangfäden, an deren Enden nun die Nesselknöpfe zur vollen Entwickelung gelangen.

Die *Nesselknöpfe des primitiven Fangfadens* (*f*), wie wir den Fangfaden des primitiven Polypiten nennen wollen, sind völlig verschieden von den Nesselknöpfen der Fangfäden der erwachsenen *Physophora* und zeichnen sich durch einen sehr eigenthümlichen Bau aus, wie er bisher bei keiner anderen Siphonophore gefunden ist (Taf. IV, Fig. 27). Die am meisten ausgebildeten von diesen primitiven Nesselknöpfen haben die Form eines abgeplatteten Sphaeroids, ungefähr wie ein Leib Brod, so dass der Breitendurchmesser des sphaeroiden Knopfes (senkrecht auf der Stielaxe) etwa doppelt so gross ist, als der Längendurchmesser (die Fortsetzung der Stielaxe). Doch wölbt sich bisweilen das Ectoderm auf der distalen Seite des Knopfes in Form von zwei bis vier convexen pelluciden Blasen vor, und dann erscheint der Knopf unregelmässig rundlich, oft fast kugelig. Ausser diesen (nur bisweilen sichtbaren) Blasen finden sich auf der distalen (dem Stiele entgegengesetzten) Seite des gestielten Nesselknopfes constant zweierlei verschiedene Anhänge von unbekannter Bedeutung (wahrscheinlich Tastorgane), nämlich kürzere fingerförmige Fortsätze und längere starre Borsten. Die ganz eigenthümlichen *fingerförmigen Fortsätze*, etwa 15—20 an Zahl, sind kurze glasshelle Cylinder, von der Länge der im Knopfe eingeschlossenen Nesselkapseln. Jeder Cylinder enthält in dem blind geschlossenen und abgerundeten distalen Ende eine lebhaft orangerothe, fettglänzende Kugel (Oeltropfen?). Diese cylindrischen Fortsätze sitzen derart in einem Kreise um die Peripherie des distalen Knopfendes vertheilt, dass ihre verlängerten Axen sich in der Basis (dem proximalen Stielansatz) des Nesselknopfs kreuzen würden. Zwischen den fingerförmigen cylindrischen Fortsätzen, und unabhängig von ihnen, wie es scheint, sitzen auf der distalen Knopfseite die Anhänge der zweiten Form, starre haarfeine *Borsten*, wahrscheinlich Tastborsten, welche ebenfalls divergirend ausstrahlen. Diese feinen, sehr spitz auslaufenden Borsten sind etwa doppelt so lang als die fingerförmigen Fortsätze, an Zahl ihnen ungefähr gleich. Im Inneren des Nesselknopfes liegen neben einander 8—10 grosse ellipsoide Nesselkapseln, welche einen feinen Spiralfaden aufgewickelt enthalten. Die jüngeren Nesselknöpfe des primitiven Fangfadens enthalten deren eine geringere Anzahl, die jüngsten nur einen einzigen (Fig. 27). Von den Nesselknöpfen der erwachsenen *Physophora* (Taf. IV, Fig. 28, 29) sind diese Nesselknöpfe der Larve, wie man sieht, total verschieden.

Eine *Physophora*-Larve aus der vierten Lebenswoche ist schon einmal früher beobachtet worden, und zwar von Gegenbaur, welcher eine vollkommen zutreffende Beschreibung und Abbildung davon giebt (Beiträge etc. l. c. p. 55; Taf. XVII, Fig. 9, 10). Gegenbaur fing dieselbe frei schwimmend, konnte sie jedoch, da er ihre Abstammung nicht kannte, wegen des Deckstückes und der ganz eigenthümlichen Nesselknöpfe nicht auf *Physophora* beziehen.

Die *Metamorphose* der Larve von *Physophora*, welche wesentlich in dem *Abwerfen des provisorischen Deckstückes*, eines echten Larvenorganes, besteht, scheint *am Ende des ersten Monates* oder im Beginn des zweiten einzutreten. Von den zahlreichen (ungefähr dreissig) Larven von Physophora, deren Entwickelung ich gleichzeitig verfolgen konnte, starb die Mehrzahl schon nach Verlauf von 14 Tagen. Nur wenige lebten bis zur vierten Woche, und am Ende derselben war nur noch ein einziges Exemplar am Leben. Am XXVII[sten] Tage hatte dieses letzte Larvenexemplar noch sein Deckstück und schien nur sehr wenig von dem in Fig. 23 abgebildeten Zustand verschieden; nur die Knospen der neuen Taster und ihrer Tastfäden waren grösser. Am XXVIII[sten] Tage war das provisorische Deckstück abgefallen und die Larve zeigte sich in dem Zustande, welchen Taf. III, Fig. 24 darstellt. Sie starb noch am Abend desselben Tages. Es ist aber wohl möglich, dass das Deckstück zufällig vor der eigentlichen Zeit abfiel und dass die Larven im freien Naturzustande noch längere Zeit unter dem Schutze des Deckstückes leben.

Die Larve vom achtundzwanzigsten Tage, nach Abwerfen des Deckstückes, (Taf. III, Fig. 24) bestand nunmehr wesentlich aus dem Polypiten (*p*), welcher den grössten Theil des Körpers und die Grundlage der Colonie bildet. Seine Länge betrug ungefähr 3^{mm}, seine Breite 0,5^{mm}. Sein Fangfaden war in ausgestrecktem Zustande mehr als doppelt so lang, und zeigte zehn kurze secundäre Fangfäden mit rundlichen Nesselknöpfen. Der oberste (proximale) Theil des Polypiten umschloss den länglichen Luftsack (*a*), mit dessen proximaler, lebhaft purpurroth gefärbter Spitze er verwachsen war. Die prall gefüllte, länglich ellipsoide Luftflasche (*u*) erfüllte nur einen Theil des Luftsackes. Unmittelbar unter diesem obersten Theil des Polypiten, welcher die sogenannte Luftkammer (Pneumatophor, *l*) bildet, war eine dicht gedrängte Gruppe von sehr kleinen Knospen zu bemerken, unter denen ich bereits Anlagen von Schwimmglocken (*n*) zu erkennen glaubte. Unmittelbar unter diesen Knospen und unter der Basis des Fangfadens, zeigten sich drei Taster (t_1—t_3) nebst ihren Tastfäden (*tf*). Der erste Taster (t_1) übertraf den zweiten (t_2) und dritten (t_3) noch bei weitem an Grösse. Die Tastfäden (*tf*) stellten einfache, dünne und lange, cylindrische Ausstülpungen aus der oberen (proximalen) Seite der Tasterbasis dar, gleich den Tastern selbst am Ende geschlossen. Sowohl letztere als erstere führten ziemlich langsame tastende Bewegungen im Wasser aus, ebenso der Rüssel des Polypiten, während sein Fangfaden sich lebhafter schlängelte.

An dieses letzte beobachtete Entwickelungsstadium der aus den Eiern gezogenen *Physophora*-Larven schliesst sich nun noch eine wenig ältere Jugendform an, welche ich zufällig mit einem Pokale frei schwimmend im Meere fing (Taf. III, Fig. 25). Es steht dieselbe sehr nahe den einzelnen Jugendzuständen von *Physophora*, welche von Gegenbaur (l. c. p. 53, Taf. XVII, Fig. 7), von Vogt (l. c. p. 58, Tab. 6, Fig. 24) und von Huxley (Oceanic Hydrozoa, p. 84, Pl. VIII, Fig. 2) beobachtet worden sind. Wie bei diesen letzteren, war auch bei der von mir gefangenen jungen *Physophora* (Fig. 25) nur ein einziger Polypit (der ursprünglich aus der Larve entstandene) vorhanden (p), und dieser war von vier Tastern umgeben. Das oberste (proximale) Ende des Polypiten, der eine Länge von ungefähr 6^{mm} hatte, umschloss einen ovalen Luftsack (a), der an der proximalen Insertionstelle einen lebhaft purpurrothen Pigmentfleck zeigte und eine prall gefüllte Luftflasche enthielt. Unterhalb dieser Luftkammer zeigte der Polypit eine starke Einschnürung. Die Körperform des Polypiten im Ganzen war spindelförmig. Rings um die aufgetriebene Mitte des Körpers sassen neben einander die vier Taster, so geordnet, dass der älteste und grösste (t_1) fast in der Mittellinie der Rückenseite, der jüngste und kleinste dagegen (t_4) ungefähr in der Mittellinie der Bauchseite angebracht war. Die dazwischen sitzenden Taster, der zweite (t_2) und dritte (t_3) befanden sich demnach auf der linken Seite des Polypiten. Die Taster zeigten sich sehr beweglich, besonders an der Spitze. Zwischen Ectoderm und Entoderm war an den älteren Tastern eine dünne Lage von circulären Muskelfasern zu unterscheiden (Product des Entoderms). Im Ectoderm der Tasterspitze zeigten sich einzelne Nesselkapseln. In der Spitze (dem distalen Ende) der geschlossenen Tasterhöhle war eine kleine Concretion zu bemerken. Jeder Taster trug (ebenso wie bei dem von Huxley beobachteten Exemplar) an der oberen (proximalen) Seite seiner Basis einen dünnen *Tastfaden* (tf), eine einfache cylindrische Ausstülpung des Tasters selbst, nur wenig länger als dieser. Oberhalb des Tasterkranzes, zwischen diesem und der Luftkammer (l) sassen an dem proximalen Theile des Polypiten, der sich nun schon deutlich als Grundlage des ganzen Stammes oder Coenosarks zeigte, 6—8 Knospen von *Schwimmglocken*, in einer Reihe (in der Mittellinie der Bauchseite) hinter einander geordnet. Während die obersten Schwimmglocken erst kleine runde Knöpfchen, einfache blinddarmförmige Ausstülpungen der Leibeswand des Polypiten, darstellten, waren die unteren schon ziemlich entwickelt und zeigten vier Radialgefässe und die Anlage des Cirkelkanals (u). Doch war der Knospenkern noch nicht durchbrochen. Dem Tasterkranze gegenüber, auf der rechten Seite des Polypiten, befand sich die Insertion des Fangfadens, welcher in ausgestrecktem Zustande zwei bis dreimal so lang als der Polypit war und 15 Nesselknöpfe von dem oben beschriebenen Bau (Fig. 27) trug; die ältesten (distalen) derselben waren ziemlich lang gestielt. Die Leibeswand des Polypiten selbst war ziemlich dick und zeigte zwischen dem verdickten Entoderm und dem dünnen Ectoderm eine starke Lage von ringförmigen Muskelfasern. In der Umgebung des Mundes war das Entoderm dicht gespickt mit grossen Nesselzellen. In dem mittleren Theile des Polypiten, der eigentlich verdauenden Magenhöhle, unterhalb des Tasterkranzes, waren in dem Entoderm mehrere über einander stehende Querreihen von grossen, blasenförmig aufgetriebenen, runden Zellen zu bemerken, welche ausser dem Kerne einen kugeligen oder ellipsoiden, homogenen, sehr stark lichtbrechenden Körper enthielten. Das Entoderm des Rüssels dagegen erschien aus sehr hohen Cylinderzellen zusammengesetzt, welche schräg von aussen und unten nach innen und oben gerichtet waren.

In Uebereinstimmung mit den anderen oben erwähnten, insbesondere auch den von Gegenbaur beobachteten Jugendzuständen, zeigt also die älteste von mir beobachtete Jugendform der *Physophora* (Fig. 25) mit voller Deutlichkeit, dass der Stamm der Siphonophoren-Colonie oder das Coenosark aus dem primitiven Polypiten selbst entsteht, indem sich in seinem proximalen Ende der Luftsack und unterhalb desselben, in der Mittellinie der Bauchseite, die Schwimmglockenreihe entwickelt. Die Ernährung des ganzen Körpers wird in dieser ganzen Jugendzeit ausschliesslich durch den primitiven Polypiten vermittelt. Selbst nachdem im Umkreise seiner Magenhöhle schon vier Taster nebst ihren Tastfäden entwickelt sind, ist noch keine Spur von secundären Polypiten oder auch nur von deren Knospen zu bemerken. Entsprechend dem einzigen Polypiten ist also auch in der ganzen Jugendperiode nur ein Fangfaden vorhanden, welcher in seinem Bau so höchst auffallend von denen der erwachsenen *Physophora* abweicht.

Die weiteren Veränderungen, welche nun diese am weitesten vorgeschrittene Jugendform (Fig. 25) noch durchlaufen muss, um in die Gestalt der ausgebildeten *Physophora* (Fig. 26) überzugehen, sind wesentlich folgende: Der Stamm oder das Coenosark streckt sich, ganz vorzugsweise durch Wachsthum des proximalen Polypiten-Endes, welches sich zur Schwimmsäule gestaltet. Zugleich erfährt dieser Theil eine starke spirale Drehung, indem die Schwimmglocken, welche ursprünglich in einer Reihe hinter einander liegen, sich vollkommen zweizeilig in zwei parallele Reihen ordnen. Der distale Theil des primitiven Polypiten erweitert sich zu der aufgeblasenen Spirale, welche das sphaeroid aufgetriebene distale Stammende bildet, und an welchem die zahlreichen Taster in einer flachen Spiralwindung neben einander sitzen. Dieser Kranz von derben, ausnehmend stark entwickelten Tastern, welche zugleich an Stelle der fehlenden Deckstücke fungiren, bedecken von oben und von den Seiten her ringsum den unten offenen Hohlraum, innerhalb dessen die secundären Polypiten und die beiderlei Geschlechts-Individuen von der unteren Fläche des aufgetriebenen distalen Endes herab hängen. Zugleich mit den secundären Polypiten entwickeln sich deren Fangfäden, welche im Baue ihrer Nesselkapseln (Fig. 28, 29) so auffallend von dem Fangfaden des primitiven Polypiten (Fig. 27) sich unterscheiden.

Auch der *Luftgang* oder *ductus pneumaticus*, durch welchen *Physophora* willkührlich Luft aus dem Luftsacke austreten lassen kann, ist erst *ein Product der späteren Entwickelung*, offenbar also erst durch phylogenetische Anpassung secundär entstanden. Die Fähigkeit der *Physophora*, *Luft willkührlich auszutreiben*, ist bisher ausschliesslich von Keferstein und Ehlers beobachtet worden, welche auch die den Luftaustritt aus dem Stamme vermittelnde Oeffnung ganz richtig beschreiben (l. c. p. 3, Taf. I, Fig. 30). Diese Angabe ist von Claus und Anderen mit Unrecht in Zweifel gezogen worden (Claus, Neue Beobachtungen etc., p. 13). Ich selbst habe bei *Physophora* die willkührliche Luftaustreibung zu wiederholten Malen beobachtet, und zwar sowohl spontan, als bei chemischer und bei mechanischer Reizung des Stammes. Wenn ich z. B. den Stamm oder die Taster mit der Pincette kniff, oder wenn ich das Wasser mit Sublimat vergiftete, so liess das Thier sofort aus der prall gefüllten Luftflasche eine grosse Quantität Luft in einzelnen Blasen entweichen (Taf. III, Fig. 26) und erleichterte sich dadurch die Flucht in die Tiefe, indem es rasch auf den Boden des Gefässes sank. Die äussere Oeffnung, durch welche die Luft aus dem Stamme entweicht, befindet sich, wie Keferstein und Ehlers richtig angeben, oberhalb der jüngsten Schwimmglocken, an dem distalen Ende der Luftkammer. Der kurze Luftgang oder *ductus pneumaticus*, welcher bei allen von mir beobachteten Jugendzuständen noch gänzlich fehlte, führt aus dem distalen

Ende des Luftsackes durch die Stammwandung hindurch. Ich werde ihn an einem anderen Orte näher beschreiben. Beiläufig bemerke ich hier nur, dass ich den Luftaustritt aus dem Luftsack auch bei *Physalia* und bei *Rhizophysa* wiederholt beobachtet habe. Bei ersterer ist derselbe schon von Eschscholtz, bei letzterer von Huxley und Gegenbaur wahrgenommen worden. Die Austrittsöffnung befindet sich aber bei diesen beiden Genera am proximalen und nicht, wie bei *Physophora*, am distalen Ende des Luftsackes.

Die atlantische *Physophora*, deren Entwickelung ich im Vorstehenden geschildert habe, und welche ich in natürlicher Grösse in Fig. 26, Taf. III, abgebildet habe, stimmt mit keiner der bisher beschriebenen Arten vollkommen überein, insbesondere nicht mit den beiden, am genauesten untersuchten mediterranen Species (*P. hydrostatica* Forskal; *P. Philippi* Kölliker). Sie unterscheidet sich von diesen und den anderen bekannten Arten durch bedeutendere Grösse und durch den Bau der Nesselknöpfe (Taf. IV, Fig. 28, 29), auch durch die Form der Schwimmglocken und durch andere untergeordnete Charaktere, welche ich an einem anderen Orte genau beschreiben werde. An den sehr grossen Nesselknöpfen, deren Stiel beträchtlich erweitert ist, erscheint die Spirale des Nesselstranges (*K*) in eigenthümlicher Form gewunden. Der centrale Hohlraum (*II*), in welchem der Nesselstrang liegt, ist von einer dicken hyalinen knorpelähnlichen Hülle umschlossen (*G*). Sehr stark entwickelt ist die letztere umgebende Hülle (*F*) welche aus sehr grossen, hyalinen, polyedrisch abgestutzten Zellen zusammengesetzt ist. Die äusserste Hülle (*D*) ist, besonders unten, mit sehr vielen stäbchenförmigen Nesselzellen durchsetzt. Die distale Hälfte des Nesselknopfs ist lebhaft roth und gelb pigmentirt; die proximale Hälfte trägt auf zwei entgegengesetzten Seiten (auf der rechten und linken Seitenfläche des Nesselknopfs) zwei charakteristische Augenflecken, bestehend aus einem runden rothen Ringe auf gelbem Grunde, in dessen Centrum ein rother Fleck sich befindet. Die Taster dieser atlantischen *Physophora* sind sehr gross und fest, fast knorpelähnlich hart, und legen sich sehr häufig in der Art zusammen, dass ihre distalen Spitzen sich nahezu berühren (Taf. III, Fig. 26). Jeder Taster trägt einen sehr langen einfachen Tastfaden, welcher von der oberen (proximalen, Seite seiner Ansatzbasis ausgeht. Die Farbe der Taster ist auf der oberen oder äusseren (proximalen) Fläche lebhaft goldgelb, auf der unteren oder inneren (distalen) zart rosenroth bis purpurroth, besonders intensiv an der distalen Spitze. Der Stamm ist rosenroth gefärbt, das proximale Ende des Luftsackes intensiv purpurroth. Das lebhafte Spiel der sehr langen Fangfäden mit ihren zahlreichen und ungewöhlich grossen Nesselknöpfen gehört zu den schönsten Erscheinungen in der pelagischen Thierwelt. Ich bezeichne diese prachtvolle Siphonophore, deren genauere Darstellung ich mir vorbehalte, vorläufig mit dem Namen: *Physophora magnifica*.

IV. Beschreibung von Varietäten und Monstrositäten der Physophora-Larven.

(Hierzu Taf. V.)

Darwin's Theorie von der Entstehung der Arten, welcher wir in ihrem weitesten Umfange und mit allen ihren Consequenzen für unbestreitbar richtig halten, hat dem Studium der Varietäten und Monstrositäten ein ausserordentlich erhöhtes Interesse verliehen. Varietäten sind beginnende Arten, und Monstrositäten sind nichts Anderes, als Varietäten, welche in einem ausserordentlich hohen Grade von der Stammform abweichen. Bei meinen Untersuchungen über Siphonophoren war daher auch mein besonderes Augenmerk auf diesen Punkt gerichtet. Aber auch ohne dieses besondere Interesse wäre ich auf diesen Punkt von selbst hingeführt worden durch die ungewöhnlich zahlreichen, mannichfaltigen und zum Theil höchst seltsamen Aberrationen von der normalen Larven-Form, welche ich unter den in grosser Zahl gezüchteten Siphonophoren-Larven sich entwickeln sah. Sehr geringe Abänderungen in den Lebensbedingungen der Larven, z. B. der höhere oder niedere Temperaturgrad des Wassers in dem sie sich entwickelten, der Umfang und die Form der Wassergefässe, öftere Erschütterungen derselben, die grössere oder geringere Lichtmenge, welche zu denselben Zutritt hatte, und andere derartige scheinbar unbedeutende Einflüsse scheinen im Stande zu sein, die Entwickelung der Siphonophoren in hohem Grade zu beeinflussen und selbst ungewöhnlich monströse Formen hervorzubringen. Ein Blick auf die monströsen Formen der Larven von *Physophora*, welche auf Taf. V, und von *Crystallodes*, welche auf den beiden Taf. XII und XIII dargestellt sind, wird die Richtigkeit dieser Angabe bestätigen.

Die morphologische Bedeutung dieser Varietäten und Monstrositäten ist wahrscheinlich in hohem Maasse verschieden. Einige derselben sind blosse *Hemmungsbildungen* und repräsentiren das längere Verweilen einzelner Theile auf einem frühen, nicht überwundenen Entwickelungs-Zustande. Andere scheinen Charaktere von älteren Stammeltern der Siphonophoren darzubieten, welche, durch Anpassung verloren gegangen, plötzlich wieder nach dem Gesetze der unterbrochenen Vererbung zur Erscheinung kommen, und sind demnach als *Rückschläge* aufzufassen. Noch Andere endlich neigen zu der Bildung anderer Siphonophoren-Genera und selbst ganz verschiedener Familien hinüber und liefern uns Fingerzeige für deren phylogenetischen Zusammenhang. Von nicht Wenigen dieser abweichenden Larvenformen lässt sich auch denken, dass dieselben, unter günstige Entwickelungs-Verhältnisse gebracht, sich zu ganz eigenthümlichen neuen Formen ausbilden könnten, und dass diese, wenn sie ihre Eigenthümlichkeiten durch Vererbung in mehreren Generationen conserviren, zur Bildung neuer Species und selbst Genera Veranlassung geben könnten.

Im Allgemeinen dürfte zunächst über die Variationen in der Entwickelung der Siphonophoren zu bemerken sein, dass die *Zeitdauer der Entwickelung sehr variabel* ist. Die Angaben, welche im vorhergebenden Abschnitt über die Veränderungen der Larven von *Physophora* an den einzelnen Tagen gemacht sind, müssen als mittlere Durchschnittswerthe angesehen werden. In vielen Fällen verlief die Formveränderung rascher, in anderen langsamer. Diese Differenz in der Zeitdauer ist so bedeutend, dass z. B. in einem Falle die Larve schon am siebenten Tage die in Fig. 15 dargestellte Form zeigte, welche sie gewöhnlich erst am zwölften Tage erhält; eine andere Larve dagegen, welche sich auffällig langsam entwickelte, gelangte zu derselben Form erst am sechzehnten Tage. Die Bildung der Primitivhöhle (z), welche gewöhnlich auf den sechsten Tag fällt, fand in anderen Fällen schon am vierten und selbst am dritten Tage, in einem Falle dagegen erst am achten Tage statt. Sehr verschieden war ferner der Termin für den Beginn der Luftabsonderung im Luftsacke. Während derselbe gewöhnlich auf den elften oder zwölften Tag fiel, trat er in einem Falle schon am neunten Tage, und in mehreren Fällen erst viel später, am vierzehnten und selbst noch am sechzehnten Tage ein. Ebenso variabel zeigte sich die Dauer des Nahrungsdotters (*d*), welcher in einigen Fällen schon am neunten, in anderen erst um den zwanzigsten Tag verschwunden war. Auch der Zeitpunkt für das Erscheinen des Fangfadens und des Tasters, sowie für den Durchbruch der Mundöffnung war sehr veränderlich.

Die zahlreichsten und bedeutendsten Varietäten und Monstrositäten, welche bei Entwickelung der Larven von *Physophora* zu bemerken waren, betrafen die Beschaffenheit des *Deckstückes* (*b*). Die gewöhnliche Formenreihe, welche dieses Larvenorgan durchlief, ist in Fig. 9—23, Taf. I und II, dargestellt. Sehr häufig aber wich dasselbe von dieser Norm mehr oder minder ab, und zwar sowohl was die Gestalt an sich betrifft, als das Verhältniss seiner Grösse zum übrigen Körper.

Grössen-Veränderungen der Deckstücks (*b*) zeigten sich sowohl als *Atrophieen* (Taf. V, Fig. 30, 31), wie als *Hypertrophieen* (Taf. V, Fig. 32, 33, 34). Die *Atrophie* war in einem Falle bis zum vollständigen Schwunde ausgedehnt, indem die Entwickelung des Deckstücks vollständig ausblieb, und die Larve bis zum XX-ten Tage (an welchem sie starb) bloss aus Polypit, Fangfaden und Taster bestand; auch fehlte in diesem Falle die Luftentwickelung im Luftsacke, obwohl die Luftflasche (zusammengefaltet in letzterem liegend) vorhanden war. In anderen Fällen (Fig. 30, 31) bildete das atrophische Deckstück einen kuppelförmigen Aufsatz auf dem proximalen Ende des Polypiten, umhüllte aber nicht als kapuzenförmiger Mantel seine proximale Hälfte. Mit dieser Atrophie des distalen Deckstücktheiles war in einem Falle eine auffallende *Hypertrophie* seines *Nährcanales* (*bc*) verbunden (Fig. 31). Dieser war zu einer grossen kugeligen Blase erweitert, welche den grössten Theil des Deckstücks-Gipfels erfüllte. Die *Hypertrophie des Deckstückes* selbst war gewöhnlich mit auffallender Formveränderung verbunden. Sie ging in einem Falle so weit, dass die Larve fast die Form einer Oceaniden-Meduse annahm (Fig. 33). Der Polypit hatte hier kaum die halbe

Länge des Deckstückes, in dessen geräumiger Schirmhöhle er ganz wie der Klöpfel einer Glocke, oder wie der Magen einer Oceanide, aufgehängt war.

Formveränderungen des Deckstückes (*b*) waren, wie bemerkt, sehr häufig mit seinen Grössen-Abnormitäten verbunden. Die gewöhnliche Kapuzenform des Deckstückes ging über in die Form einer Halbkugel, eines Kegels, eines Cylinders, einer Glocke, eines Kahnes, eines Pantoffels u. s. w. (Taf. V, Fig. 30—34). Doch fehlte niemals (sobald der distale Theil des Deckstückes überhaupt entwickelt war) der dorsale Schlitz, ans welchem später der Taster (*t*) hervortritt. In einem Falle (Fig. 34) war gegenüber diesem dorsalen Schlitze ein ganz entsprechender und beinahe eben so grosser ventraler Schlitz entwickelt, so dass das Deckstück aus einer rechten und linken Klappe zusammengesetzt erschien. Jede Klappe hatte einen besonderen Nährcanal (*bc*).

Abweichungen in der Bildung des Nährcanales (*b c*) oder des Ernährungsgefässes des Deckstückes sind überhaupt immer mit den Abnormitäten der Deckstückmasse selbst verbunden, und wohl meistens Ursache der letzteren. Der Nährcanal (*bc*) zeigt sich überhaupt sehr veränderlich, ebenso wie der rudimentäre, verödete Schirmcanal (*y*) welcher von seiner ventralen Seite ausgehend die Dicke des Gallertschirms durchsetzt und in dem Ectoderm des letzteren mit einem rudimentären Nesselknopf endet (*x*). Während der Nährcanal gewöhnlich von seinem Ursprung an (von der Polypitenbasis) in einem flachen Bogen convex nach der Bauchseite herabsteigt, geht er in anderen Fällen erst nach dem proximalen Ende des Deckstückes hinauf, und biegt sich dann scharf in spitzem Winkel nach abwärts. Die kugelige Erweiterung des Nährcanals (Fig. 31) ist bereits erwähnt. Die Länge, bis zu welcher er im Deckstück herabsteigt, ist sehr verschieden. Am auffallendsten aber ist die *Spaltung* des Nährcanals in mehrere (2—4) Canäle. Zwei Gefässe, ein rechtes und ein linkes, waren in dem zweiklappigen Deckstück (Fig. 34) vorhanden. Zu diesen kam ein drittes distales Gefäss (aus einer Erweiterung des rudimentären Schirmcanals bestehend) bei dem glockenförmigen hypertrophischen Deckstück (Fig. 33). Ein einziges Mal fanden sich selbst vier Canäle, und zwar in dem kahnförmigen

Deckstück (Fig. 32). Sollten diese vier Gefässe vielleicht auf die ursprünglichen vier Canäle des Medusenschirms zu beziehen sein?

Abnormitäten des Luftsackes (a) fanden sich nächst den Variationen des Deckstückes am häufigsten bei unseren *Physophora*-Larven, und zwar sowohl als Atrophieen, wie als Hypertrophieen. Als *Atrophie des Luftsackes* fasse ich namentlich den in Fig. 32 abgebildeten Fall auf, in welchem der Luftsack (a) oder das „Entoderma reflexum" von Huxley überhaupt nicht zur Abschnürung von der Primitivhöhle, resp. von dem (zugleich hypertrophischen) Nährcanal des Deckstückes gelangt war. Trotzdem war die Luftflasche (u) vorhanden, lag aber zusammengefaltet, ohne Spur von Luftentwickelung, in der mit Flüssigkeit gefüllten Cavität des Luftsackes (a c). Das letztere war ebenso der Fall bei dem Luftsack der zweiklappigen Larve (Fig. 34); auch hier fehlte die Luftentwickelung, während die Luftflasche (u) in dem rings geschlossenen Luftsack lag. Als *Hypertrophie des Luftsackes* fasse ich jene Fälle auf, wo im Gegentheil die Luftentwickelung in dem Luftsacke eine übermässige war, und letzteren zu einer colossalen Blase ausgedehnt hatte (Fig. 31, 30). Die extremen Fälle der letzteren Art, wo die ellipsoide Luftflasche halb so gross als der ganze Polypit wird (Fig. 30), sind offenbar in hohem Grade geeignet, die eigenthümliche Bildung der *Physalia* zu erläutern.

Von weit geringerem Interesse, als diese auffallenden Monstrositäten des Luftsackes und des Deckstückes, sind die übrigen Abweichungen, welche während der Entwickelung der *Physophora*-Larven beobachtet wurden, und welche die Grösse und Form des Polypiten, seines Fangfadens und des ersten Tasters betreffen. Da dieselben nicht zur Erläuterung morphologischer Verhältnisse dienen können, wollen wir sie hier übergehen.

V. Systematische Bemerkungen über das neue Agalmiden-Genus Crystallodes.

(Hierzu Taf. X.)

Das Siphonophoren-Genus *Crystallodes*, dessen individuelle Entwickelungsgeschichte der nächstfolgende Abschnitt (VI) giebt, gründe ich für eine neue atlantische Physophoride, welche ich auf Taf. X abgebildet habe. Da ich dieses eigenthümliche Genus an einem anderen Orte ausführlich beschreiben und dort auch seine systematische Stellung näher erörtern werde, so beschränke ich mich hier nur auf einige nothwendige Bemerkungen zur Rechtfertigung des neuen Genus.

Unter allen bisher genauer beschriebenen Siphonophoren zeigt unser, auf Taf X abgebildetes *Crystallodes rigidum* die meiste Aehnlichkeit mit dem von Eschscholtz beschriebenen *Agalma Okenii* (Oken's Isis, XVI, 1825, p. 743, Taf. V; Eschscholtz, System der Acalephen, 1829, p. 150, Taf. XIII, Fig 1). Die Beschreibung und Abbildung von Eschscholtz, dessen vortreffliches „System der Acalephen" die Grundlage für alle folgenden systematischen Arbeiten über Hydromedusen wurde, ist so genau und für die damalige Zeit so vollkommen, dass sich die wesentlichen Charaktere seines Genus *Agalma* daraus mit genügender Sicherheit erkennen lassen.

Nach dieser Darstellung von Eschscholtz würde sein *Agalma Okenii* mit meinem *Crystallodes rigidum* übereinstimmen in folgenden Merkmalen: 1°, Der Stamm der Siphonophore, oder das Coenosark, welches die Axe des ganzen Körpers bildet, ist starr und keiner auffallenden Verlängerung und Verkürzung fähig, wie bei anderen nächstverwandten Physophoriden (*Agalmopsis*, *Halistemma*, *Forskalia*). 2°, Diese Steifheit des Körpers wird wesentlich dadurch bewirkt, dass die Deckstücke sehr beträchtlich keilförmig verdickt und ebenso fest an einander gefügt sind, wie die Schwimmglocken; die prismatische Deckstücksäule, welche die untere (distale) Hälfte des steifen Körpers bildet, ist daher ebenso starr und fest, als die Schwimmstücksäule, welche die obere (proximale) Hälfte bildet. 3°, Die Schwimmstücksäule ist zweizeilig, aus zwei gegenständigen Längsreihen von Schwimmglocken gebildet. 4°, Die Nesselknöpfe sind von einem Mantel oder Involucrum umhüllt und enden mit drei Anhängen, zwei seitlichen Endfäden und einer zwischen ihnen befindlichen mittleren Endblase (ebenso wie bei *Agalmopsis*).

Ich würde nun nach dieser wesentlichen Uebereinstimmung kein Bedenken tragen, meine neue atlantische Physophoride dem Genus *Agalma* (in dem *ursprünglichen* Sinne seines Begründers Eschscholtz) einzureihen, und als *Agalma rigidum* zu bezeichnen, wenn nicht beide Formen in einem Character, welcher mir von generischer Bedeutung zu sein scheint, sich sehr auffallend unterschieden.

Bei meinem *Agalma rigidum* sind die Anhänge (die hydroiden Individuen), welche an der distalen Stammhälfte, der Deckstücksäule, ansitzen, in bestimmten unveränderlichen Abständen regelmässig vertheilt, so dass, ähnlich wie bei *Apolemia uvaria*, eine Reihe von mehreren (6—9) Individuen-Gruppen oder Trauben entsteht. Diese gleich weit von einander entfernten Gruppen sind durch weite Zwischenräume getrennt, welche nur von den verdickten Deckstücken ausgefüllt werden. Jede Gruppe besteht aus einem einzigen Polypiten, einem einzigen, an der Basis des letzteren angehefteten Fangfaden, mehreren Tastern, den beiderlei Geschlechts-Stücken etc. Alle diese *distincten Individuen-Gruppen* sitzen *in einer Reihe* hinter einander, *einzeilig* am Stamme, und zwar fällt ihre Anheftungslinie zusammen mit der *Mittel-*

linie der Bauchseite des Stammes, in deren Verlängerung die eine (ventrale) Reihe der Schwimmglocken liegt. Auf der entgegengesetzten, dorsalen Seite der Deckstücksäule finden sich daher bloss Deckstücke vor. Ferner treten die Fangfäden von jeder Individuen-Gruppe, resp. von ihrer Anheftungsstelle an der Polypiten-Basis, direct nach aussen, indem sie sich fast rechtwinkelig vom Stamme entfernen und zwischen den dichtgedrängten Deckstücken hindurch einen Weg bahnen. Die Fangfäden hängen daher nur von der ventralen Oberfläche der Deckstücksäule herab, nahezu in gleichen Abständen zwischen den Zackenrändern der zapfenähnlichen Deckstücksäule hervortretend. In allen diesen Beziehungen verhält sich mein *Agalma rigidum* ganz ähnlich der *Stephanomia Amphitrites*, welche zuerst von Péron, später von Huxley beobachtet wurde (Oceanic Hydrozoa, p. 72, Pl. VII). Allein die Nesselknöpfe von dieser letzteren endigen mit einem einfachen Endfaden.

Bei dem *Agalma Okenii* dagegen scheinen nach den Abbildungen von Eschscholtz (welche in der Regel sehr sorgfältig und naturgetreu sind), die an der distalen Stammhälfte ansitzenden hydroiden Individuen (Polypiten, Fangfäden, Geschlechtsstücke etc.) nicht einzeilig und in Gruppen vertheilt, sondern ringsum zerstreut am Stamme zu sitzen, und die Deckstücke „sind dicht an einander gefügt, ohne einen Zwischenraum zu lassen, und bilden zusammen eine Röhre, welche den Saugröhren und Fangfäden zum Schutz und zum Durchgange dient." Ausdrücklich dieses letztere, eigenthümliche Verhalten bestätigend, bemerkt dann Eschscholtz noch bei *Stephanomia Amphitrites:* „Es unterscheidet sich diese Gattung von *Agalma* (*Okenii*) durch die regelmässig gereiheten Schuppenstücke (Deckstücke) und dadurch, dass sich letztere eines vom andern entfernen kann, wodurch eine Spalte entsteht, durch welche die Fangfäden und Saugröhren hervortreten. Bei *Agalma* bilden *die Schuppenstücke eine feste Röhre, aus deren unterer Oeffnung allein die Fangfäden hervorkommen können."* Nach Eschscholtz's eigenem Urtheil würde also unser *Agalma rigidum* eher zu *Stephanomia* als zu *Agalma* gehören. Von dem ersteren ist es aber wieder durch die Nesselknöpfe verschieden, die wie bei letzterem gebildet sind. Dagegen scheint das *Agalma breve* Huxley's (l. c. p. 75, Pl. VII) sich in jenen wesentlichen Beziehungen ganz wie das *Agalma Okenii*, der ursprüngliche Typus dieser Gattung, zu verhalten, und nur specifisch von diesem verschieden zu sein.

Die neue atlantische Agalmide, welche ich auf Taf. X abgebildet habe, scheint mir demnach in der That ein besonderes neues Genus zu bilden, welches zwischen *Agalma* (*Okenii*, *breve*) und *Stephanomia* (*Amphitrites*) in der Mitte steht. Mit ersterem theilt dasselbe den Bau der Nesselkapseln, mit letzterer die characteristische einzeilige Vertheilung der Individuen-Gruppen an der Deckstücksäule. Ich nenne dieses Genus, wegen der starren, prismatischen, krystallähnlichen Körperbeschaffenheit: *Crystallodes* (κρυσταλλώδες, krystallartig) und die Species: *Crystallodes rigidum*.

Die neueste systematische Aufzählung aller bekannten Familien, Gattungen und Arten von Siphonophoren hat Louis Agassiz gegeben, im neunten Capitel des vierten Bandes der „Contributions to the natural history of the united States" (1862). In der auf p. 366—372 befindlichen „tabellarischen Uebersicht der Hydroiden" wird die Siphonophoren-Gruppe in folgende vier Unterordnungen gebracht; I. *Porpitae* (*Velella*, *Porpita*); II, *Physaliae* (*Physalia*); III, *Physophorae* (1, *Pethosomeae*; 2, *Physophoridae*; 3, *Agalmidae*; 4, *Apolemiae*; 5, *Anthophysidae*; 6, *Rhizophysidae*). IV, *Diphyae* (1, *Prayidae*; 2, *Diphyidae*; 3, *Abylidae*). Von diesen Gruppen müssen wir hier die Familie der Agalmiden, aus der Unterordnung der Physophoren, noch in nähere Erwägung ziehen, da in derselben mehrere Genera erwähnt werden, welche möglicherweise mit unserem *Crystallodes* identisch sein könnten.

In der *Familie der Agalmiden* unterscheidet L. Agassiz folgende zehn Genera: 1, *Agalma* Eschscholtz (*A. Okenii*); 2, *Crystallowia* Dana (*C. polygonata*); 3, *Temnophysa* Agass. (*T. alveolata*); 4, *Sphyrophysa* Agass. (*S. intermedia*, *S. brevis*); 5, *Stephanomia* Péron et Les. (*S. Amphitritis*); 6, *Forskalia* Kölliker (*F. contorta*, *F. Edwardsii*, *F. ophiura*); 7, *Agalmopsis* Sars (*A. elegans*, *A. Sarsii*, *A. clavatum*); 8, *Halistemma* Huxley (*H. rubrum*, *H. punctatum*); 9, *Phyllophysa* Agass. (*P. foliacea*); 10, *Cucolaria* Eysenhardt (*C. incisa*, *C. triangularis*, *C. heptacantha*, *C. imbricata*).

Von diesen zehn Agalmiden-Genera sind bloss fünf bis jetzt wenigstens so weit bekannt, dass deren Unterscheidung möglich und ihre Aufstellung gerechtfertigt ist, nämlich die Gattungen *Agalma*, *Stephanomia*, *Forskalia*, *Agalmopsis* und *Halistemma*. Von den fünf übrigen sind mindestens vier auf jeden Fall zu streichen, nämlich *Cuneolaria* Eysenhardt (synonym mit *Sarcoconus* Lesson) und die drei von Agassiz neu aufgestellten Gattungen *Temnophysa*, *Sphyrophysa* und *Phyllophysa*. Wodurch *Sphyrophysa* (*Agalma breve* Huxley) sich generisch von *Agalma* (*Okenii*) unterscheiden soll, ist nicht ersichtlich, da Agassiz seiner tabellarischen Aufzählung keine Charakteristiken der Gruppen, Genera und Species beigefügt hat, und auch nicht beifügen konnte. *Temnophysa* ist *Stephanomia alveolata* von Quoy et Gaimard; *Phyllophysa* ist *Stephanomia foliacea* von Quoy et Gaimard; *Cuneolaria* umfasst (ausser *C. incisa*-Eysenhardt, bloss eine abgelöste Schwimmglocke einer Agalmide!) drei andere *Stephanomia*-Arten von Quoy et Gaimard. Alle diese *Stephanomia*-Arten beruhen aber, gleich den meisten von Quoy et Gaimard beschriebenen Hydromedusen-Arten (und insbesondere den Siphonophoren-Arten) auf so schlechten Beobachtungen und so unbrauchbaren Darstellungen, dass eine kritische Revision der Species darauf gar keine Rücksicht zu nehmen braucht. Es ist in der That bei jenen willkührlichen Darstellungen von Quoy und Gaimard, die noch dazu meist nur verstümmelte Individuen oder einzelne Bruchstücke betreffen, ganz unmöglich, zu bestimmen oder nur zu errathen, auf welche Agalmiden-Genera dieselben zu beziehen sein könnten. Jene Darstellungen sind nur unnützer Ballast der Wisschenschaft.

Es könnte also nur noch eine einzige Agalmiden-Gattung hier in Frage kommen, nämlich die von Dana kurz beschriebene und abgebildete *Crystallomia polygonata*, welche im Stillen Meere unter 30° N. B. und 179° O. L. gefangen wurde (Vergl. "Memoirs of the American Academy of arts and sciences," New-Series, Vol. VI, part. I (1857) p. 459—460; Pl. XII, Fig. A—F). Allein auch diese Darstellung ist zu unvollkommen, als dass sich daraus mit Sicherheit auf eine generische Identität von Dana's *Crystallomia* und unserem *Crystallodes* schliessen liesse. Es ist auch möglich, das *Crystallomia polygonata* zu *Agalma* gehört, oder dass es ein besonderes Genus repräsentirt. Die Nesselknöpfe von *Crystallomia* gleichen denen von *Agalma* und von *Crystallodes*.

Nach meiner Ansicht würden demgemäss bei unseren gegenwärtigen Kenntnissen in der Agalmiden-Familie nur folgende sechs Genera zu unterscheiden sein, welche sich nach der verschiedenen Beschaffenheit der Nesselknöpfe in die beiden Subfamilien der *Halistemmaceen* und der *Crystallodaceen* gruppiren lassen.

ÜBERSICHT DER GENERA IN DER SIPHONOPHOREN-FAMILIE DER AGALMIDEN.

Familia: AGALMIDA, Brandt. Synonym: STEPHANOMIADA, Huxley).

I. Subfamilia: Halistemmacea. Endfaden der Nesselknöpfe einfach.
 1. GENUS: *Forskalia* Kölliker. Schwimmstücke vielzeilig. Nesselknöpfe nackt.
  Species: 1, *F. contorta* Leuck.; 2, *F. ophiura* Leuck.; 3, *F. Edwardsii* Kölliker; 4, *F. formosa* Koferst. et Ehlers.
 2. GENUS: *Halistemma* Huxley. Schwimmstücke zweizeilig. Nesselknöpfe nackt.
  Species: 1, *H. rubrum* Huxley; 2, *H. punctatum* Agass. (*Agalmopsis punctata* Köll.); 3, *H. carum* (*Nanomia cara* Agass.).
 3. GENUS: *Stephanomia* Péron et Les. Schwimmstücke unbekannt. Nesselknöpfe von einem Mantel (Involucrum) umgeben.
  Species: 1, *S. Amphitrites* Pér. et Les.

II. Subfamilia: CRYSTALLODACEA. Endfaden der Nesselknöpfe doppelt; mit einem mittleren Sack zwischen beiden Endfäden. Nesselknöpfe von einem Mantel (Involucrum) umgeben.
 4. GENUS: *Agalmopsis* Sars. Stamm sehr contractil und verkürzbar, mit blattförmigen, dünnen, durch weite Zwischenräume getrennten Deckstücke. Individuen (Polypiten etc.) allseitig (spiralig) am Stamme zerstreut. Fangfäden allseitig vom Stamme abtretend.
  Species: 1, *A. elegans* Sars; 2, *A. Sarsii* Kölliker; 3, *A. clavatum* Leuckart.

5. GENUS: *Agalma* Eschscholtz. Stamm starr und nicht merklich verkürzbar, mit keilförmigen, dicken, eng an einander liegenden Deckstücken. Individuen (Polypiten etc.) allseitig (spiralig) am Stamme zerstreut. Fangfäden nur am distalen Stammende vortretend.
Species: 1, *A. Okenii* Eschscholtz; 2, *A. breve* Huxley.

6. GENUS: *Crystallodes*, nov. gen. Stamm starr und nicht merklich verkürzbar, mit keilförmigen, dicken, eng an einander liegenden Deckstücken. Individuen-Gruppen (Polypiten etc.) in Intervallen einzeilig auf der Bauchseite des Stammes. Fangfäden zwischen den Deckblättern auf der Bauchseite vortretend.
Species: 1, *C. rigidum*, nov. spec.

CHARAKTERISTIK VON *Crystallodes rigidum*, NOV. SPEC.

Taf. X, Fig. 65—71.

Die Länge des ganzen Körpers (von einem grössten Exemplare, mit 12 ausgebildeten Schwimmglocken und 9 Individuengruppen) beträgt 50^{mm}. Die Länge der Schwimmstück-Säule (mit 12 ausgebildeten Schwimmglocken) beträgt 20^{mm}, die Breite ihrer ventralen oder dorsalen Seite (Fig. 65) 8^{mm}; die Dicke (die Dorsoventralaxe) ihrer rechten oder linken Seite (Fig. 66) 12^{mm}. Die Länge der Deckstück-Säule (mit 9 Individuen-Gruppen) beträgt 30^{mm} (mit 6 Individuen-Gruppen 20^{mm}), ihre Breite (und ebenso ihre Dicke) 12^{mm}. Die zweizeilige Schwimmstück-Säule bildet ein sechsseitiges Prisma (Fig. 67). Die Deckstück-Säule dagegen hat fast einen cylindrischen Umfang, nur durch die vorspringenden Zacken der Deckstücke schuppig-rauh.

Der Stamm oder das Coenosarc (*s*) ist eine farblose, fast gerade, nur wenig geschlängelte Röhre von 50^{mm} Länge und ¦—1^{mm} Durchmesser. Sein orales (distales oder unteres) Ende wird durch die älteste Individuen-Gruppe gebildet, sein aborales (proximales oder oberes) Ende durch die Luftkammer. Das aborale Ende des in der Luftkammer eingeschlossenen Luftsackes ist purpurroth gefärbt.

Die zweizeilig angeordneten Schwimmglocken sind an ihrer aboralen (proximalen) Seite durch einen tiefen Ausschnitt in zwei keilförmige Schenkel gespalten. Die zugeschärften Schenkelenden der gegenständigen Schwimmstücke legen sich dergestalt über einander, das die beiden Ausschnitte zusammen eine rundliche Oeffnung umschliessen (Fig. 67). Die Reihe dieser Oeffnungen bildet den graden Canal, in welchem der Stamm liegt. Aus der Höhle des Stammes tritt an jeden Schwimmglocken-Ausschnitt ein Nährcanal, welcher die Gallertmasse durchsetzend in die aborale Ausbuchtung des muskulösen Schwimmsackes (der Subumbrella) eintritt und sich hier in vier Schenkel (Radialcanäle) spaltet. Zwei dieser Canäle (der dorsale und ventrale) sind fast grade und laufen direct in der Wand des Schwimmsackes zu seiner Mündung herunter. Die beiden anderen Canäle dagegen (rechter und linker) sind ungefähr dreimal so lang, laufen zu den beiden lateralen Flügeln des Schwimmsackes, bilden dort eine doppelte Schlinge und treten dann erst zur Mündung des Schwimmsackes herab, wo sie sich mit den beiden anderen Canälen in einem die Mündung umgebenden Ringcanal vereinigen (Fig. 67).

Die Deckstücksäule bestand meistens aus sechs, bei dem grössten beobachteten Individuum (Fig. 65, 66) aus neun, durch gleiche Abstände getrennten Individuen-Gruppen, deren Zwischenräume fast vollständig durch die dicken, keilförmigen und prismatischen Deckstücke (Fig. 68—71) ausgefüllt waren. Jede Individuen-Gruppe besteht aus einem farblosen Polypiten, einem auf dessen ventraler Basis entspringenden sehr langen Fangfaden, zwei bis drei Tastern oder Hydrocysten, einem männlichen und mehreren weiblichen Geschlechts-Stücken (Sexual-Medusen). Der Fangfaden ist mit sehr zahlreichen, langen, secundären Fangfäden besetzt, deren jeder am Ende einen Nesselknopf trägt. Dieser Nesselknopf (Fig. 72) enthält einen in 2—3 (selten 4) Spiralen aufgerollten, purpurroth gefärbten Nesselstrang, welcher von einem glockenförmigen Mantel (Involucrum) umhüllt ist. Derselbe endigt in zwei dünne schlanke Endfäden, zwischen denen sich ein langer, mit Flüssigkeit erfüllter Sack befindet.

VI. Individuelle Entwickelungsgeschichte von Crystallodes.

(Hierzu Taf. VI—IX.)

Die *reifen Eier* von *Crystallodes rigidum* sind kugelig und haben einen Durchmesser von 0,6^{mm} (Taf. VI, Fig. 35). Wie bei den übrigen Siphonophoren ist die Eizelle ganz nackt und das hüllenlose Protoplasma (Dotter) ist wasserhell und durchsichtig. Der Zellenkern der Eier, das Keimbläschen, ist kugelig, stark lichtbrechend, von 0,08^{mm} Durchmesser. Das in demselben enthaltene Kernkörperchen oder der Keimfleck ist ebenfalls kugelig, von 0,02^{mm}, und umschliesst ein innerstes kugeliges Körperchen, den Nucleolinus oder Keimpunkt, von 0,005^{mm}.

Der *Furchungsprocess* der Eier von *Crystallodes* ist nicht wesentlich von demjenigen der *Physophora*-Eier verschieden, welchen wir oben (p. 18) bereits geschildert haben. Wie bei dem letzteren, bildet der daraus hervorgehende kugelige Zellenhaufen (Taf. VI, Fig. 36) anfangs eine maulbeerförmige, unregelmässig höckerige Masse, deren Oberfläche erst im Verlaufe des zweiten Tages sich glättet und sphärisch abrundet. Während dieser Zeit vollführen die oberflächlich gelegenen Furchungs-Kugeln eigenthümliche amoebenähnliche Bewegungen.

Diese *amoeboiden Bewegungen der Furchungskugeln*, welche ich auch bei *Physophora* und *Athorybia* beobachtete, scheinen bei *Crystallodes* von beson-

7 *

derer Lebhaftigkeit zu sein (Taf. VI, Fig. 36; Taf. XI, Fig. 75, 76). Niemals bemerkte ich dieselben gleichzeitig an allen Zellen der Oberfläche, sondern in der Regel nur an dem dritten oder vierten Theil derselben. Die Zahl der oberflächlich gelegenen Furchungs-Zellen mag ungefähr 40—60 betragen, von denen in der Regel 10—20 die amoebenartigen Fortsätze ausstreckten. Wurden diese wieder eingezogen, so begann an den benachbarten Zellen dasselbe Spiel. Die Form der rundlichen, durch den Druck der Nachbarzellen polyedrisch abgeflachten Zelle schien sich dabei nur an jener Seite zu verändern, welche nackt an der Oberfläche des Zellenhaufens lag. Gewöhnlich erhoben sich in der Mitte dieser Fläche 4—8 fingerförmige Fortsätze von ungefähr gleicher Grösse, welche ihre stumpfen (seltener konischen) Spitzen gegen einen gemeinsamen Mittelpunkt hin neigten. Bisweilen sah es aus, als ob dieselben eine kleine, zwischen und unter ihnen befindliche grubenförmige Vertiefung überwölbten. Je länger ihre Erhebung andauerte, desto höher und spitzer wurden diese tentakelähnlichen Fortsätze des Protoplasma. Endlich rundeten sie sich stumpf ab, und flossen wieder in die gemeinsame Plasmamasse des Zellenleibes zurück.

Nach Vollendung der Furchung besitzen die grossen polyedrischen Zellen, welche nun den kugeligen Leib zusammensetzen, einen mittleren Durchmesser von 0,1^{mm}. Sie sind auch jetzt noch vollkommen nackt und hüllenlos. Das Protoplasma ist vollkommen wasserhell und hyalin, so dass die feinen Umfangslinien der polygonalen Grenzflächen scharf hervortreten. Sehr klar schimmert durch die Zellsubstanz der Nucleus hervor, ein klarer kugeliger Körper von 0,01^{mm}, in welchem ein kleiner dunkler Nucleolus sichtbar ist.

Nachdem die kugelige Oberfläche des Zellenhaufens sich im Verlaufe des *zweiten Tages* geglättet hat, überzieht sie sich gewöhnlich schon am Ende desselben mit einem dichten und feinen Flimmerepithel, ohne dass jedoch die Zellen der Oberfläche, in der Weise wie bei *Physophora*, sich von den darunter liegenden differenzirten. Vielmehr tritt an dem bei weitem grössten Theile der Oberfläche hier eine solche Sonderung in Ectoderm und Entoderm erst sehr spät ein, wenn der Dotter schon nahezu aufgezehrt ist. Das

Flimmerepithel überzieht aber auch hier die gesammte Körperoberfläche während des ganzen Larvenlebens, so lange dasselbe verfolgt werden konnte. Vermöge dieses Wimperkleides zieht die Larve, langsam rotirend, im Wasser umher.

Am dritten Tage bereits erfolgt an den Larven von *Crystallodes* eine Reihe von wichtigen Veränderungen. Die Entwickelung geht von nun an viel schneller vorwärts als bei *Physophora*, und die bedeutende Kluft, welche die Entwickelungs-Vorgänge beider Genera trennt, wird schon jetzt erkennbar. Die Gesammtform der *Crystallodes*-Larve bleibt kugelig, und geht nicht in die ellipsoide über, wie bei *Physophora*. Ferner tritt die Differenzirung der oberflächlichen Zellenschicht in Ectoderm und Entoderm nicht auf der ganzen Oberfläche, wie bei letzterer, sondern bloss an einer einzigen Stelle ein. Es zeigt sich nämlich am Anfang des dritten Tages an der kugeligen wimpernden Larve von *Crystallodes*, welche aus lauter gleichartigen, wasserklaren, polyedrischen Zellen zusammengesetzt ist, ein kreisrunder dunklerer Fleck, und zwar an derjenigen Stelle der Oberfläche, welche dem späteren aboralen oder proximalen Pole der Längsaxe entspricht. Dieser Fleck, der *Fruchthof (area germinativa)* genannt werden kann, ist bedingt durch eine rasche Vermehrung der Zellen an dieser Stelle der Oberfläche.

Der Fruchthof lässt *gewöhnlich* schon im Beginn des dritten Tages eine Zusammensetzung aus drei über einander liegenden Zellenschichten, welche sich von den darunten liegenden wasserklaren Dotterzellen scharf absetzen, erkennen. Diese drei Schichten oder *Blätter des Fruchthofes* sind: 1°, das äussere Keimblatt oder Ectoderm; 2°, das mittlere Keimblatt oder die äussere Lamelle des Entoderms; 3°, das innere Keimblatt oder die innere Lamelle des Entoderms.

Die beiden Lamellen des Entoderms heben sich bald von einander ab, indem sich ein wenig Flüssigkeit zwischen ihnen ansammelt (Taf. VI, Fig. 37). Dadurch entsteht am proximalen Pole der kugeligen Larve die kleine linsenförmig-biconvexe *Primitivhöhle* (z), die erste Anlage des Gastrovascularsystems. Die äussere (proximale) Wand dieser Höhle wird von dem wimpernden Ectoderm oder dem äusseren Keimblatt (*e*) und von dem mittleren Keimblatt gebildet, die innere (distale) Wand von dem inneren Keimblatt, welches dem kugeligen Dotter unmittelbar aufliegt.

Die beiden Blätter, welche die äussere Wand der Primitivhöhle bilden, heben sich gewöhnlich schon im Verlauf des dritten Tages von einander ab, indem sich zwischen ihnen eine vom Ectoderm ausgeschiedene homogene Gallertmasse anhäuft (Taf. VI, Fig. 38, *q*). Dadurch erhebt sich über den proximalen Pol der kugeligen Larve eine fast halbkugelige Hervorragung, die Anlage des ersten (oder aboralen) *Deckstückes* (b_1). Die Linsenform der Primitivhöhle geht währenddem in die kugelige und dann in eine fast cylindrische Form über. Bald erscheint sie dann in der Mitte eingeschnürt, indem sie sich sowohl nach oben, als nach unten, beutelförmig erweitert. Der obere oder proximale Vorsprung der Primitivhöhle (Fig. 38 *bc*), welcher in die Gallertmasse des Deckstücks hineinragt, ist die Anlage des *Nährcanales* des letzteren. Der untere oder distale Vorsprung dagegen (Fig. 38 *ac*) ist die erste Anlage des *Luftsackes*. In den Zellen des Entoderms, welches als vollkommen geschlossener Sack die Wand der zweikammerigen Primitivhöhle bildet, lagert sich ein trübkörniges Pigment ab, welches bei durchfallendem Lichte bräunlich gelb, bei auffallenden Lichte spangrün erscheint.

Die Bildung des Fruchthofes und der Primitivhöhle zeigte bei vielen der von mir beobachteten *Crystallodes*-Larven auffallende Abweichungen von der so eben geschilderten Form, welche den normalen Entwickelungsgang darzustellen scheint. Der Fruchthof zeigte häufig keine kreisrunde, sondern eine elliptische oder ovale oder geigenförmige, bisquitförmige Gestalt, ganz ähnlich dem Fruchthofe eines Wirbelthieres. Das Deckstück nahm dann keine halbkugelige, sondern eine langgestreckte, fast halb cylindrische Form an. Die im Fruchthof sich bildende Primitivhöhle erlangte dann sogleich eine mehr oder minder gestreckte, röhrenförmige Gestalt, und mehrmals erschien sie S-förmig gekrümmt, indem die proximale Kammer einen convex gekrümmten Vorsprung in das Deckstück hinein (nach der Bauchseite zu), die distale Kammer einen concav gekrümmten Vorsprung in den Dotter hinein (nach der Rückenseite zu) bildete. Eine sehr auffallende Abweichung zeigten mehrere Larven darin, dass die Primitivhöhle sogleich nach ihrer ersten Anlage sich verzweigte, und mehrere (3—4) Ausstülpungen nach aussen trieb, welche als junge Knospen-anlagen zwischen der Basis des Deckstücks und dem anliegenden Dotter (*d*) nach aussen (nach der Bauchseite zu) vorsprangen. Einigemale schien es mir sogar, als ob mehrere (3—4) Knospen unabhängig von einander aus demjenigen Theile des Dotters hervorsprossten, welcher von der Deckstückanlage bedeckt war, und als ob jede dieser Knospen sich selbständig in ihrem Inneren aushöhlte, so dass mehrere von einander unabhängige Primitivhöhlen entstehen würden, die später zusammenflössen. Doch war die Beobachtung dieser Verhältnisse so schwierig, dass ich nichts Sicheres darüber mit Bestimmtheit angeben kann.

Am vierten Tage (Taf. VI, Fig. 39, 40) tritt gewöhnlich zuerst die erste Knospe auf, welche von der Primitivhöhle sich abzweigt. Es ist dies ein kleiner Blindsack (*pc*), welcher zwischen den beiden Abtheilungen der Primitivhöhle, dem Nährcanal des Deckstücks (*bc*) und der Höhlung des späteren Luftsackes (*ac*), nach der Bauchseite zu vorgestülpt wird, und hier, von dem ventralen Ende des Deckstückes bedeckt, unmittelbar dem Dotter aufliegt. Die Wand dieses kleinen rundlichen Blindsacks wird aus den beiden Bildungshäuten, dem wimpernden Ectoderm (*e*) und dem pigmentirten Entoderm (*i*) gebildet. Diese Knospe ist die Anlage des *primitiven Polypiten* (*p*).

Mit dieser Bildung des ersten Polypiten als einer Knospe der Primitivhöhle ist nun schon die eigenthümliche Entwickelungsrichtung eingeschlagen, welche den Entwickelungsgang des *Crystallodes* so tief von demjenigen der *Physophora* scheidet. Während bei *Physophora* (und ebenso wahrscheinlich bei *Physalia*) der *ganze Furchungsdotter* (der aus der Eifurchung hervorgegangene kugelige Zellenhaufen) zum Leibe des Polypiten und seines Deckstückes wird, bilden sich diese beiden primitiven Körpertheile bei *Crystallodes* (und ebenso bei *Athorybia*) nur aus einem *kleinen Theile* (dem Fruchthofe) *des Furchungsdotters*, während der bei weitem grössere Theil des letzteren einfach als Nahrungsmaterial für die sich entwickelnde Larve dient und von dieser allmählich aufgebraucht wird. Wir können daher hier, ebenso gut als bei den Wirbelthieren, unterscheiden zwischen einem kleineren *Bildungsdotter* oder *lecithus formativa*, aus welchem sich zunächst der Fruchthof, später die Theile des Larvenkörpers bilden, und einem grösseren *Nahrungsdotter* oder *lecithus nutritiva*, welcher unverändert aus gleichartigen Zellen (den Furchungskugeln) zusammengesetzt bleibt, und um so mehr abnimmt, je stärker der auf seine Kosten sich entwickelnde Larvenkörper zunimmt. Diesen letzteren, den Nahrungsdotter, werden wir von nun an kurzweg als *Dotter* (*d*) bezeichnen.

Wenn wir die *Crystallodes*-Larve vom vierten Tage (Taf. VI, Fig. 39, 40), topographisch zu bestimmen versuchen und dazu die bei der *Physophora*-Larve gewonnenen festen Anhaltspunkte benützen, so müssen wir, wie dort, die Längsaxe des primitiven Polypiten als die *Hauptaxe* des ganzen Larvenkörpers betrachten, seinen Mund als *Oralpol* oder Distalpol, seine Insertionsstelle an der Primitivhöhle als *Aboralpol* oder Proximalpol. Ferner bezeichnen wir diejenige Seite, auf welcher die ferneren Knospen hervorsprossen, aus den im zweiten Abschnitt erläuterten Gründen, als *Bauchseite*, und die entgegengesetzte, knospenlose als *Rückenseite*. Der Luftsack (*a*) liegt dann im Rücken des Polypiten, und ebenso muss, wie namentlich die späteren Entwickelungs-Stadien deutlich zeigen, der *Dotter* (*d*) als *rückenständig* bezeichnet werden.

Die Veränderungen, welche die *Crystallodes*-Larve am vierten Tage, abgesehen von der Bildung des primitiven Polypiten, erleidet, bestehen vorzüglich in beträchtlicher Vergrösserung des Deckstückes (*b*), dessen Nährcanal (*bc*), anfangs grade aufsteigend, sich nach vorn, nach der Bauchseite zu, umbiegt, und sich in dieser Richtung ansehnlich verlängert. Das Gastrovascularsystem besteht nunmehr aus drei, in einem Punkte zusammentreffenden Canälen, der dorsalen Höhle des Luftsackes (*ac*), der ventralen Höhle des Polypiten (*pc*) und der aboralen Höhle des Deckstückes (*bc*). Vergleicht man die Rückenansicht (Fig. 39) und die Ansicht der rechten Seite der Larve (Fig. 40) etwas genauer, so sieht man, dass der in der Dottermasse gelegene Luftsack (*a*) nicht ganz im Rücken, sondern zugleich etwas auf der linken Seite des Polypiten sich befindet.

Am fünften Tage (Taf. VI, Fig. 41, 42) vergrössert sich das Deckstück (*b*) beträchtlich, indem sein Ectoderm neue Gallertmasse ausscheidet. Zugleich erhebt sich dasselbe kuppelförmig über dem Dotter und schnürt sich von dessen Oberfläche ringsum ab, so dass eine Ringfalte entsteht, aus deren Furche auf der Bauchseite der Polypit (*p*) sich hervorstreckt. Der letztere vergrössert sich, ebenso wie der Nährcanal des Deckstücks (*bc*), welcher nach der Aboralseite zu convex gekrümmt ist. Aus dem Centrum der Primitivhöhle, da wo die drei Canäle des Deckstückes (*bc*), des Luftsackes (*ac*) und des Polypiten (*pc*) sich vereinigen, kommt nun eine neue Knospe hervor (*g*), welche sich auf der Bauchseite des Polypiten, zwischen diesem und dem Deckstück entwickelt, zugleich etwas auf der rechten Seite des Polypiten, wie die Vergleichung der Rückenansicht (Fig. 42) und der rechten Seitenansicht (Fig. 41) zeigt. Diese Knospe, sowie alle folgenden, sind einfache Blindsäcke und bestehen aus einem Seitenzweige des coelenterischen Canalsystems und aus den beiden Bildungshäuten, Entoderm (*i*) und Ectoderm (*e*), welche die Höhle umschliessen. Der Punkt, aus welchem diese und die folgenden Knospen hervorkommen, liegt an der ventralen Seite der Polypitenbasis, da wo dieselbe in das Deckstück umbiegt; dieser Ausgangspunkt der Knospenbildung kann bei den Siphonophoren-Larven als *Vegetationspunkt* bezeichnet werden.

Die Knospe, welche zuerst nach der Polypiten-Knospe auftritt, scheint gewöhnlich die Anlage des *Fangfadens* (*f*) zu sein; in anderen Fällen scheint sie die Anlage des ersten Tasters (*t*) zu sein. Es ist dies desshalb schwer festzustellen, weil diese beiden Knospen rasch nach einander und bisweilen selbst fast gleichzeitig auftreten, und weil dieselben nachträglich ihr gegenseitiges Lagerungsverhältniss zu einander (wenigstens häufig) zu verändern scheinen. Ihre Insertionspunkte liegen dicht neben einander. Späterhin rückt der Taster mehr auf die rechte Seite der Polypitenbasis, während der Fangfaden mehr auf der Bauchseite stehen bleibt.

Am sechsten Tage (Taf. VI, Fig. 43) sind beide Knospen, die des Fangfadens (*f*) und die des Tasters (*t*) gewöhnlich deutlich sichtbar, und es tritt bisweilen schon eine dritte Knospe neben ihnen auf, diejenige des zweiten oder ventralen Deckstückes (*b₂*). Das erste oder aborale Deckstück nimmt an Grösse bedeutend zu (b_1), und sein Nährcanal (bc) erreicht gewöhnlich schon jetzt die bleibende Form (Fig. 43, 47). Er steigt von der Polypitenbasis zuerst nach der Rückenseite schräg hinauf und bildet dann ein spitzwinkeliges Knie, indem er (grade oder nach oben convex gebogen) nach der Bauchseite vorläuft. Die wichtigste Veränderung aber, welche am sechsten Tage eintritt, ist die vollständige *Abschnürung des Luftsackes* von dem Centralraum der Primitivhöhle. Das Entoderm, welches die Wand des Luftsackes (a) bildet, und welches bisher an seiner Einmündung in die Centralhöhle unmittelbar überging nach oben in das Entoderm des Deckstück-Nährcanals, nach vorn in das Entoderm des Polypiten, wächst nun vollständig an dieser Stelle zusammen. Der Larvenkörper enthält also nunmehr zwei vollständig getrennte und geschlossene, mit Flüssigkeit erfüllte Höhlen: die einfach rundliche oder länglich runde Luftsackhöhle (ac), und die Centralhöhle (cc), welche in vier Canäle sich verzweigt, in die Canäle der beiden Knospen, des Deckstücks und des Polypiten. Das Entoderm, welches alle diese Hohlräume auskleidet, ist eine einschichtige Lage von Flimmerepithel. Dasselbe erscheint bei durchfallendem Lichte bräunlich-gelb, bei auffallendem Lichte spangrün gefärbt. Der Luftsack selbst (a) ist rings von den hellen Zellen des Nahrungsdotters umgeben und steht nur an seinem proximalen Ende (der Abschnürungsstelle) in Berührung mit der Wand der Polypitenbasis, welche daselbst in das Deckstück übergeht.

Am siebenten Tage (Taf. VII, Fig. 44, 45, 46) beginnt die *Luftabsonderung* in dem abgeschnürten Luftsacke (a). Der obere (proximale) Theil seiner Höhle wird durch eine kugelige Luftblase ausgedehnt, während der untere (distale) Theil von Flüssigkeit erfüllt bleibt. In dieser liegt gewöhnlich, ähnlich einem körnigen Niederschlag, eine gelbliche, krümliche Masse auf dem Boden des Luftsackes. Ob die Ausscheidung der structurlosen dünnhäutigen *Luftflasche*, welche den Lufttropfen unmittelbar umschliesst, der Absonderung der Luft selbst vorhergeht oder nachfolgt, ist hier so wenig als bei *Physophora* zu unterscheiden. Doch ist das erstere auch hier wahrscheinlicher.

Das erste oder proximale (aborale) Deckstück (b_1), welches bisher das einzige war, erreicht am siebenten Tage die Höhe seiner Entwickelung, indem es jetzt die grössere Hälfte des ganzen Körpers bildet und ausser den übrigen Organen auch die obere (proximale) Hälfte des Dotters (d) umschliesst, so dass bloss dessen untere Hälfte frei aus der Schirmhöhle des Deckstücks vorragt (Fig. 44, die Larve von der rechten Seite, Fig. 45 von oben, von der Aboralseite, Fig. 46 von hinten, von der Rückenseite). Die *Crystallodes*-Larve befindet sich in dieser Beziehung schon jetzt in einem Stadium, welches die Larve von *Physophora* erst am 15ten—16ten Tage erreicht (Taf. II, Fig. 19, 20). In der Folgezeit wächst das aborale Deckstück zwar auch noch, aber in geringerem Maasse als der übrige Körper, welcher dasselbe überflügelt. Die Gestalt des Deckstückes ist jetzt helmförmig oder hutförmig, rechte und linke Seite unter der Gipfelwölbung etwas ausgeschweift, ebenso die unteren Seitenränder ausgerandet, ventrales und dorsales Ende fast gleichmässig verdickt und abgerundet. Der Nährcanal des Deckstücks (bc_1) liegt in der dicken Gallertmasse des Schirms, jedoch sehr nahe der unteren (oralen) Fläche, unter welcher unmittelbar die übrigen Theile liegen.

Vorn unter dem Bauchrande des aboralen oder ersten Deckstückes (b_1) beginnt am siebenten Tage bereits das *zweite Deckstück* (b_2) hervorzutreten, welches auf der Bauchseite die übrigen Theile deckt, und welches wir daher das *ventrale* nennen. Dasselbe erscheint zunächst als ein eiförmiger oder fast rhombischer Lappen, gebildet aus den beiden Bildungshäuten, Ectoderm und Entoderm, welches letztere einen geräumigen Canal umschliesst. Gallertmasse ist anfangs zwischen Ectoderm und Entoderm nicht zu bemerken. Die Knospe, welche sich zum Bauchdeckstück ausbildet, wächst wiederum aus dem Vegetationspunkt, aus der Bauchseite der Polypiten-Basis hervor. Rechts von demselben ist jetzt der Taster (t), links der Fangfaden (f) deutlich zu erkennen. Ausserdem treten an der Basis des Polypiten (p), jedoch an seiner Rückenseite und mehr nach dem Luftsack zu, am siebenten Tage gewöhnlich schon ein oder zwei neue rundliche Knospen (g) hervor.

Am achten Tage (Taf. VII, Fig. 47, 48) ist das zweite oder *ventrale Deckstück* (b_2) bereits zur vollen Entfaltung gelangt, indem eine beträchtliche Quantität Gallertsubstanz zwischen Ectoderm und Entoderm abgesondert ist.

Dieses Deckstück (in Fig. 51 weiter ausgebildet) besteht aus zwei rechtwinkelig verbundenen dicken Platten. Die aborale Platte bildet die kleinere, obere Hälfte, welche horizontal in dem ventralen Theile der Höhle des aboralen Deckstücks (b_1) versteckt liegt und stark convex in deren Wölbung vorspringt. Die orale Platte bildet die grössere untere Hälfte, welche einen rhombischen Umriss hat, und vertical abwärts steigend die ganze Bauchseite der Larve beschirmt. Diese verticale Platte ist in der Mitte, wie ein eudipleures Pflanzenblatt, kahnförmig gefaltet, so dass ihr convexer Kiel (der Blattrippe entsprechend) in der Mittellinie der Bauchseite scharf nach vorn vorspringt, während rechter und linker Seitenrand nach hinten und aussen vorspringen. An dem Kiele ist die Gallertmasse am dicksten und verdünnt sich nach den Seitenrändern hin. Sowohl der Kiel, als die Seitenränder sind gewöhnlich ausgeschweift-gezähnelt und in der Vertiefung zwischen je zwei Zähnen liegt im Ectoderm eine Zelle, welche ein fettglänzendes Körperchen (eine rudimentäre Nesselzelle?) enthält (Vergl. Fig. 49 b_3). Jedoch fehlt, ebenso wie bei den folgenden (lateralen) Deckstücken, die elegante Zähnelung häufig, ebenso wie die später zu erwähnenden rudimentären Tentacular-Knöpfe (r). Von letzteren sind am ventralen Deckstück meist einer, seltener 2—3 zu erblicken; häufig fehlen sie hier. Der Nährcanal des ventralen Deckstücks (bc_1) geht aus von der Centralhöhle (cc), oder genauer von dem Vegetationspunct, welcher in der Mitte der ventralen Seite der ursprünglichen Primitivhöhle liegt. Er tritt ein in die horizontale Platte des Deckstücks und läuft in dieser grade oder convex gebogen nach vorn (zur Bauchseite), wo er (oft unter rechtem Winkel) nach abwärts, in die verticale Platte umbiegt, und in der Mittellinie der letzteren bis nahe zu ihrer unteren Spitze herabläuft. Das Gefäss liegt hier unmittelbar unter der inneren (dorsalen) Oberfläche des verdickten Kieles, in dessen Gallertsubstanz.

Unter den übrigen Veränderungen des achten Tages ist am wichtigsten die Ausbildung des ersten und zweiten Tasters („Hydrocyst" von Huxley). Gegenüber dem bisher allein vorhandenen *ersten Taster* (t_1), welcher auf der rechten Seite des Larvenkörpers, zwischen Polypit (p) und Luftsack (a) sitzt, entwickelt sich aus einer der vorher erwähnten dorsalen Knospen ein *zweiter Taster* (t_2), welcher rasch die Grösse des ersten erreicht, und auf der linken Körperseite, zugleich etwas höher oben liegt. Beide Taster stellen birnförmige, am geschlossenen Ende zugespitzte Blasen dar, deren Höhlung von den beiden Bildungshäuten umschlossen ist. Der Fangfaden (f) erscheint am achten Tage gewöhnlich noch als ein kurzer Blindsack auf der Bauchseite der Polypitenbasis. Die Luftblase in der Luftflasche (u) hat sich vergrössert. Das aborale (erste) Deckstück (b_1) erscheint bedeutend abgeflacht.

Am neunten Tage ist die Larve wenig verändert. Der wesentlichste Fortschritt besteht in der Verlängerung des Fangfadens, und in der Vergrösserung zweier, schon am vorigen Tage angelegten Knospen, welche ziemlich weit hinten, hinter dem Rücken des Polypiten, aus der centralen Primitivhöhle hervorsprossen. Diese beiden Knospen, welche einander symmetrisch gegenüber, rechts und links vor der Bauchseite des Luftsackes (und über diesem) sich vorschieben, sind die Anlagen der beiden lateralen Deckstücke (b_3 und b_4), welche am folgenden Tage schon ausgebildet sind.

Am zehnten Tage (Taf. VII, Fig. 49) hat die Larve von *Crystallodes* eine wesentlich veränderte Gestalt dadurch gewonnen, dass *die beiden lateralen Deckstücke* (b_3 und b_4) schon ihre volle Ausbildung erreicht haben. Die Gesammtform der Larve ist jetzt fast cubisch und der Durchmesser derselben beträgt ungefähr 1^{mm}. Obgleich die beiden lateralen Deckstücke ursprünglich symmetrisch angelegt sind, bilden sich dieselben doch ziemlich ungleich aus, wodurch die bisher eudipleure Grundform der Larve ("bilateral symmetrisch", in der vierten Bedeutung dieses Wortes) in die dysdipleure ("Pleuronectes-Form") übergeht. *Das rechte Deckstück* (Fig. 49 b_3, Fig. 52) bleibt kleiner und nimmt eine fast rhombische Form an. *Das linke Deckstück* (Fig. 49 b_4, Fig. 53) wird grösser und nähert sich mehr der quadratischen Form. Beide laterale Deckstücke sind anfangs dünne Blätter, die sich aber bald durch Ausscheidung einer grösseren Quantität Gallerte beträchtlich verdicken, besonders am aboralen (oberen) Rande und in der Mitte. Letztere springt dann in Form eines scharfen longitudinalen Kieles vor, welcher das Deckstück in eine ventrale (vordere) und dorsale (hintere) Hälfte zerlegt. Sowohl der Kiel als die Ränder der beiden lateralen Deckstücke zeigen gewöhnlich dieselbe zierlich ausgeschweifte Zähnelung, wie das ventrale Deckstück; bisweilen fehlt jedoch dieselbe. Längs der gezähnelten Ränder liegt eine Reihe der oben erwähnten Zellen, deren jede ein fettglänzendes rundes Körperchen (rudimentäre Nesselcapsel?) enthält. Stets ungezähnelt ist nur der obere (proximale) Rand, welcher sich mit breit dreieckiger Basis dem Larvenkörper anfügt. Die Ansatzstelle selbst ist schmal. Nach vorn, nach dem Bauche zu, convergiren die beiden lateralen Deckblätter, so dass ihre ventralen Ränder in die Schirmhöhlung des ventralen Deckstückes zu liegen kommen und von den flügelförmig nach aussen und hinten vorspringenden Seitenrändern der verticalen Platte des letzteren von aussen her verdeckt werden. Die dorsalen Ränder der beiden lateralen Deckstücke dagegen divergiren klaffend, so dass hier der Dotter (d) offen und frei vorsteht.

Der Nährcanal des rechten Deckstückes (bc_3), und ebenso das Ernährungsgefäss des linken Deckstückes (bc_4), ist gewöhnlich ein einfacher, grader oder wenig gewundener Canal, welcher in der Gallertmasse des Deckstückkieles, ganz nahe dessen innerer Oberfläche, herabsteigt und nahe dessen unterer (distaler) Spitze endigt. Wie bei allen Deckstücken, ist das Flimmerepithel, welches die Wand des Gefässes bildet und unmittelbar in der Schirmgallert liegt, die einfache Wimperzellenlage des Entoderms (i). Sehr bemerkenswerth erscheinen mir eigenthümliche knopfartige Bildungen, welche in den beiden lateralen Deckstücken fast jederzeit vorkommen, gewöhnlich zu zwei, seltener zu drei oder gar vier (Fig. 52, 53). Diese Knöpfe (r) sitzen im Ectoderm der äusseren Oberfläche, gewöhnlich auf einem kleinen Vorsprung. Jeder Knopf besteht aus einer Gruppe von 5—20, gewöhnlich 10—15 birnförmigen, grossen, glänzenden Zellen, welche, mit ihren unteren, konisch zugespitzten Enden dicht zusammengedrängt, fast auf einem Punkt aufsitzen, während ihre oberen abgerundeten Enden sich aus einander drängen. In dem hyalinen stark lichtbrechenden Inhalt dieser Zellen ist ein runder Kern sichtbar. Von der Basis jedes Zellenknopfes führt ein feiner fadenförmiger, kürzer oder längerer Zellenstrang durch die Gallert des Deckstückes hindurch zu dessen Nährcanal, wo er in dessen Entoderm übergeht. Bisweilen aber ist dieser solide Zellenstrang ganz oder theilweis hohl, und stellt einen Seitenzweig des Nährcanals dar, welcher selbst bis zum Knopfe gehen kann (Taf. XIII, Fig. 90). In einzelnen Fällen sind vier solcher Canäle vorhanden (!). Physiologisch sind diese rudimentären Canäle und die Knöpfe, in denen sie endigen, gewiss bedeutungslos, morphologisch dagegen von hoher Bedeutung. Wenn die Deckstücke der Siphonophoren, wie wir mit Recht annehmen, rudimentäre Medusen-Schirme sind, so werden jene Gefässrudimente als Reste der vier Radialcanäle aufzufassen sein, die Zellenknöpfe an ihrem Ende als Reste der vier Randtentakeln. Ich glaube daher nicht fehl zu greifen, wenn ich dieselben als *Tentakelrudimente* oder rudimentäre Tentakelknöpfe bezeichne.

Durch die Ausbildung der beiden lateralen Deckstücke (b_1, b_4) hat die Larve am zehnten Tage eine fast cubische Gestalt gewonnen und erinnert an gewisse Diphyiden-Formen (*Cuboides*). Von den sechs Seiten des Würfels sind zwei offen (orale und dorsale Seite), jedoch durch den Dotter (d) gewissermaassen bedeckt; vier Seiten dagegen sind durch die vier Deckstücke geschützt, die aborale, ventrale, rechte und linke Seite.

Von den übrigen Veränderungen des zehnten Tages ist am wichtigsten die Ausbildung des *Fangfadens* (f), welcher sich bedeutend streckt und zugleich verdünnt. Oberhalb seines Endes entwickelt sich in einer verdickten Stelle des Ectoderm eine Reihe von Nesselzellen, 4—8 grössere, säbelförmige Nesselkapseln an dem proximalen Ende, 10—20 kleinere stäbchenförmige Nesselkapseln an dem distalen Ende der knopfförmigen Verdickung. So entsteht am Fangfaden der *erste Nesselknopf* (k) von der einfachsten Form. Der unterhalb des Nesselknopfs gelegene distale Endtheil des Fangfadens bleibt als *einfacher Endfaden* bestehen.

Am elften Tage verändert sich die *Crystallodes*-Larve wenig. Der Dotter verkleinert sich, während Polypit, Fangfaden und Taster auf seine Kosten wachsen. In der (noch geschlossenen) Mundspitze des Polypiten treten im Ectoderm erst 2, dann 4 Nesselkapseln auf, deren Zahl in den folgenden Tagen zunimmt. Im aboralen Theile des Luftsackes beginnt oft schon jetzt braunrothes Pigment sich abzulagern. Oberhalb der Taster, an der Bauchseite des Luftsackes, treten ein paar neue rundliche Knospen auf.

Endlich beginnt gewöhnlich schon jetzt die *Dotterhöhle* (*dc*) aufzutreten. Die bisher gleichartige Zellenmasse des Nahrungsdotters, die an Umfang schon sehr reducirt ist, zeigt an der Oberfläche eine Differenzirung von zwei Schichten abgeplatteter kleinerer Zellen (Ectoderm und Entoderm). Zwischen dieser doppelten Wandzellenschicht und dem inneren Reste des Dotters sammelt sich Flüssigkeit an, wodurch an der aboralen Seite des Dotters eine napfförmige, concav-convexe Höhle (*dc*) entsteht.

Am zwölften Tage (Fig. 50—54) zeigt die Dotterhöhle (welche jedoch auch oft erst später entsteht) nicht selten schon eine beträchtliche Ausdehnung (Fig. 54 *dc*). Der Luftsack (*a*) erhebt sich über den proximalen Dottertheil, und bildet, von Ectoderm und Entoderm des letzteren überzogen, die kegelförmig vorragende *Luftkammer* (*l*), den proximalen Theil des späteren *Stammes*. Die Anhänge des Larvenkörpers zeigen keine bedeutende Veränderung, eben so wenig die vier Deckstücke, welche noch ziemlich dieselbe Form, wie in den beiden vorhergehenden Tagen behalten (Fig. 50—53, die vier Deckstücke, Fig. 50 das aborale, Fig. 51 das ventrale, Fig. 52 das rechte, Fig. 53 das linke Deckstück).

Am dreizehnten Tage scheint gewöhnlich der Durchbruch der *Mundöffnung* an der oralen Spitze des Polypiten zu erfolgen, der bisher ein geschlossener Blindsack war, gleich den beiden Tastern. Zugleich beginnt sich die mit Nesselkapseln gespickte Mundspitze lebhafter zu bewegen. In einigen Fällen fand jedoch der Durchbruch des Mundes schon ein oder zwei Tage früher statt, in mehreren anderen Fällen einige Tage später. Der proximale Theil des Luftsackes erscheint um diese Zeit durch Ablagerung von braunrothem Pigment gefärbt, und zwar sowohl wenn die Luftabsonderung normaler Weise statt gehabt hatte, als auch wenn dieselbe fehlte.

Am vierzehnten Tage beginnen die auffallenden Formveränderungen der Deckstücke, welche am folgenden Tage schon ziemlich die bleibende Gestalt erlangt haben (Taf. VIII, Fig. 55). Der Dotter verkleinert sich, während seine Höhle sich vergrössert. An dem Fangfaden treten ein oder zwei kleine Knöpfchen (blindsackartige Ausstülpungen) auf, die Anlagen der secundären Fangfäden.

Am fünfzehnten Tage (Taf. VIII, Fig. 55) erscheint die Form der vier Deckstücke auffallend verändert und bleibt so während der dritten Woche und wohl auch weiterhin. (Vergl. Fig. 55, 56, 57, 60). Die neue Form der Deckstücke, welche vorzüglich durch mehrfache Biegungen, Faltungen und Knickungen, aber auch durch beträchtliche Verdickung der Gallertsubstanz an verschiedenen Stellen und vielleicht selbst durch Spaltung einzelner Theile hervorgebracht zu werden scheint; ist sehr schwierig zu erkennen. Da der Durchmesser des ganzen Larvenkörpers, dessen Gesammtumriss sich jetzt wieder der Kugelform nähert, nur $1\frac{1}{5}^{mm}$ beträgt, so ist er viel zu klein, um mit der Lupe betrachtet bei auffallendem Lichte das Detail der Deckstück-Form erkennen zu lassen. Unter das Mikroskop gebracht aber reflectiren und brechen die spiegelnden Flächen und die prismatischen Kanten der krystallähnlichen Deckstücke das Licht so verschiedenartig, dass man gar keine sichere Einsicht gewinnt. Bei durchfallendem Licht sind nur einzelne Begrenzungslinien, aber nicht die mannichfach gebogenen Flächen erkennbar. Trotz vieler und andauernder Versuche, bei einer Anzahl von Larven die eigentliche Gestalt der sehr veränderten Deckstücke zu erkennen, ist mir dies doch nur in sehr ungenügendem Grade gelungen, und ich muss mich daher begnügen, auf die Figuren 55—57 zu verweisen, welche wenigstens den Augenschein möglichst getreu wiedergeben, Fig. 55 auf Taf. VIII stellt eine Larve vom fünfzehnten Tage, von der Rückenseite gesehen, dar, Fig. 56 eine Larve vom achtzehnten Tage von der Bauchseite, Fig. 57 eine Larve vom einundzwanzigsten Tage, von der Rückenseite.

Das erste oder *aborale Deckstück* (b_1) erscheint fast nach Art eines Klapphutes oder Dreimasters zusammengefaltet. Den Eingang in seine Schirmhöhle vom Rücken her bildet eine dreieckige Spalte, beschirmt von zwei zipfelartigen Vorsprüngen, auf deren Spitze ein rudimentärer Tentakelknopf sitzt. Gegen frühere Zeit erscheint das Deckstück sehr verbreitert und abgeflacht, besonders in den ausgeschweiften Seitentheilen. Über die Mitte seines convexen Rückens zieht ein scharfer, stark vorspringender Kiel.

Das zweite oder *ventrale Deckstück* (b_2) scheint weniger stark, als die drei anderen, verändert zu werden. Während diese zugleich beträchtlich an

Grösse zunehmen, scheint ersteres wenig mehr zu wachsen. Die horizontale Platte, welche in der Schirmhöhle des aboralen Deckstücks verborgen liegt, behält ihre ursprüngliche Form ebenso bei, wie die vertical absteigende rhombische Platte, welche den Stamm mit Polypiten, Tastern etc. von der Bauchseite her verdeckt. Häufig scheint das ventrale Deckstück schon im Verlauf der dritten Woche abgestossen zu werden.

Die beiden *lateralen Deckstücke*, das rechte (b_3) and das linke (b_4), erleiden die bedeutendsten Formwandelungen. Sie scheinen ebenfalls nach Art eines Dreimasters oder Klapphutes zusammengelegt zu werden, jedoch in verwickelterer Weise, als das aborale Deckstück. Von der Rückenseite aus führt ein schmaler Spalt in ihre Schirmhöhle hinein. Dieser Spalt erscheint auf der rechten Seite vierzipfelig, auf der linken Seite dreizipfelig, indem sich links nur einer, rechts dagegen zwei dreieckige Vorsprünge bilden, welche von aussen her nach innen und hinten vorspringen und je einen rudimentären Tentakelknopf (r) tragen. Die obere dreieckige Insertionsbasis der beiden lateralen Deckstücke ist sehr stark verbreitert, so dass sie rechts und links weit vorspringt. Die unteren (distalen) Spitzen der beiden Deckstücke dagegen nähern sich convergirend, in Folge der beträchtlichen Verdickung der oberen Seitentheile. Auch die ganzen dorsalen Ränder derselben sind jetzt so stark genähert, dass nur ein schmaler Spalt zwischen denselben zum Stocke hinführt.

Während das ventrale Deckstück oft schon im Verlauf der dritten und wohl immer im Beginn der vierten Woche abgestossen zu werden scheint, entwickeln sich, schon zu Ende der dritten Woche, an seiner Stelle zwei neue Deckstücke, das fünfte und sechste (Fig. 57 b_5, b_6). Wir können dieselben als ventro-laterale bezeichnen, da sie sich auf beiden Seiten der vorderen Bauchfläche, nach vorn und innen von den beiden lateralen Deckstücken (und anfangs von diesen bedeckt) entwickeln. Das rechte Bauchseiten-Deckstück oder das dextro-ventrale (b_5) scheint in Form und Grösse nicht wesentlich verschieden zu sein von dem linken oder sinistro-ventralen (b_6). Beide scheinen späterhin eine prismatisch-keilförmige Gestalt anzunehmen, welche der Durchschnitts-Form der bleibenden späteren Deckblätter des Stammes viel näher steht, als die Form der vier ersten Deckstücke der

Larve. Die anfängliche Knospen-Form dieser beiden ventro-lateralen Deckstücke ist diejenige eines Blattes, dessen Ränder vielfach gefaltet sind. (Fig. 57, 58, 59; b_5, b_6).

Unter den übrigen Veränderungen, welche an den Larven von *Crystallodes* während der *dritten Lebenswoche* noch ausserdem bemerkbar sind, steht obenan die Entwickelung des *Fangfadens* (*f*), dessen Länge bald die der Larve mehrfach übertrifft, und der zahlreiche secundäre Fangfäden mit Nesselknöpfen treibt. Am achtzehnten Tage zählte ich deren bereits sechs, am einundzwanzigsten Tage fünfzehn. Die Stiele der Nesselknöpfe oder die secundären Fangfäden sind lang und dünn. Der Bau der Nesselknöpfe bleibt an diesem primitiven Fangfaden noch sehr einfach, indem weder von Spiralwindungen des Nesselstranges etwas zu bemerken ist, noch von dem Mantel oder Involucrum, welcher später von dem Stielende aus über den Nesselknopf herabwächst und denselben glockenförmig umgiebt (Vergl. Taf. X, Fig. 72). An den ältesten (distalen) Nesselknöpfen des Fangfadens erscheint der Nesselstrang zwar halbmondförmig gekrümmt, aber doch nicht in einer ganzen Spirale aufgerollt. Ferner beginnen an den älteren Nesselknöpfen beiderseits des einfachen Endfadens zwei neue, dünne, mit runden kleinen Nesselzellen besetzte Fäden hervorzusprossen. Der ursprüngliche Endfaden wird mithin zu der Blase, welche in der Mitte zwischen den beiden bleibenden Endfäden sitzt (Vergl. Fig. 57 und 72). Die definitive Form der Nesselknöpfe, mit Involucrum und Spirale des Nesselstrangs, scheint erst an den später sich bildenden Fangfäden aufzutreten.

Das ansehnliche Wachsthum des Larvenleibes und aller seiner Theile in der dritten Woche erfolgt vorzüglich auf Kosten des Nahrungsdotters, welcher nun rasch aufgezehrt wird, während seine Höhle (*dc*) sich zugleich erweitert. Am Ende der dritten Woche, an welchem der Durchmesser des Larvenkörpers schon fast auf 2^{mm} gestiegen ist (Fig. 57), hat der Dotter kaum mehr die Grösse eines Tasters und erscheint am distalen Theile der Luftkammer als ein kleiner beutelförmiger Anhang, der wahrscheinlich die Grundlage des eigentlichen Stammes oder Coenosarc wird. Doch ist auch möglich, dass letzterer aus dem primitiven Polypiten hervorgeht. Die abgeschlossene Dotterhöhle (*dc*) müsste im ersteren Falle nachträglich mit der Polypitenhöhle in Communication treten.

Der Polypit, welcher während der dritten Woche beträchtlich an Grösse zugenommen hat, zeigt zu Ende derselben bereits stark verdickte Wände, indem sich zwischen Ectoderm und Entoderm eine starke Schicht von Ringmuskeln entwickelt hat. Auch zeigt sich häufig bereits eine Differenzirung des distalen oder Rüssel-Theiles von dem proximalen oder eigentlichen Magen-Theil, indem das verdickte Epithel des letzeren sich in zottenartige Vorsprünge erhebt, welche ein bis drei fettglänzende homogene Körner enthalten. Die beiden Taster, der rechte (t_1) und der linke (t_2), verändern sich während dessen nur wenig. Doch tritt oft schon jetzt in ihrem distalen, spitzen Höhlen-Ende eine kleine krystallinische Concretion auf. Oberhalb der Taster, im Rücken der beiden ventro-lateralen Deckstücke, zwischen diesen und der dorsal gelegenen Luftkammer, erscheint zu Ende der dritten Woche ein ganzer Büschel von dicht gedrängten runden Knospen, wahrscheinlich die Anlagen der Schwimmglocken (Fig. 57, 58, 59).

Die *Metamorphose* der Larve von *Crystallodes*, die Ueberführung der in Fig. 57 dargestellten Larvenform (vom XXI^{sten} Tage) in die ausgebildete Form (Taf. X, Fig. 65, 66) beginnt wahrscheinlich in der vierten Lebenswoche und wird zunächst bestehen in dem Abwerfen des ersten oder aboralen Deckstückes, nach dessen Entfernung erst die Knospen der Schwimmglocken Raum gewinnen, sich zur Schwimm-Säule zu entwickeln. Leider kann ich über diese und die anderen damit verbundenen Veränderungen nichts bestimmtes mittheilen, da nur eine einzige Larve (Taf. IX, Fig. 60) bis zum Ende der vierten Woche lebte. Von der grossen Anzahl (ungefähr sechzig) Larven von *Crystallodes*, welche ich gleichzeitig züchtete, starb die Mehrzahl schon im Beginn der zweiten Woche und die meisten übrigen gegen Ende derselben, so dass nur fünf oder sechs bis zum Ende der dritten Woche verfolgt werden konnten, von denen mehrere noch dazu offenbar monströs verbildet waren. Auch diese starben im Beginn der vierten Woche (am XXII^{ten}—XXIV^{sten} Tage), ohne sich wesentlich von der in Fig. 57 abgebildeten Form entfernt zu haben. Doch hatten dieselben, eine einzige Larve ausgenommen, das zweite oder ventrale Deckstück (b_1) verloren.

Nur eine einzige Larve lebte bis zum XXVII-sten Tage und kann wenigstens einige Andeutungen über den weiteren Verlauf der Entwickelung geben, obwohl es, bei der ausserordentlichen Variabilität in der Entwickelung der Siphonophoren-Larven, sehr gewagt ist, auf eine einzelne Beobachtung Werth zu legen.

Diese *letzte Larve* von *Crystallodes*, vom XXVII sten Tage (Taf. IX, Fig. 60), gehörte zu denjenigen überlebenden Larven, welche schon am Ende der dritten Woche das zweite oder ventrale Deckstück abgeworfen hatten. Am XXVI sten Tage war auch das erste oder aborale Deckstück, welches als ein breiter flacher Schirm die ganze aborale oder proximale Fläche des Larvenkörpers überdeckte, abgefallen. Die Larve (Fig. 60) zeigte nun im Ganzen, bei einem Durchmesser von 2^{mm}, einen nahezu kugeligen Umriss und war von vier Deckstücken umgeben, den beiden lateralen (b_3, b_4) und den beiden ventro-lateralen (b_5, b_6). Die letzteren hatten dieselbe Grösse und auch eine ähnliche Form wie die ersteren erreicht; doch schienen sie stärker verdickt zu sein und schon mehr der keilförmigen oder dreiseitig-prismatischen Gestalt sich zu nähern, welche die Deckstücke des erwachsenen *Crystallodes* auszeichnet (Taf. X, Fig. 68—71). Die Erkenntniss der Form und Zusammenfügung dieser vier Deckstücke war so schwierig, dass ich dieselbe nicht genau erkennen konnte und daher auch hier nicht weiter schildern will. Ausser diesen vier ausgebildeten Deckstücken waren bereits die Knospen zweier neuer Deckstücke, rechts und links neben der Mitte des Stammes, unterhalb der Schwimmglockenreihe, sichtbar.

Die Larve selbst zeigte besonders darin sich verändert, dass der proximale (aborale) Stammtheil, nach Verlust des aboralen Deckstückes, sich gestreckt und empor gehoben hatte, so dass die Spitze der Luftkammer über das Niveau der oberen Deckstückspitzen hervorragte und den obersten Theil der Larve bildete. Die Schwimmglocken-Knospen (n), welche vorher (Fig. 57, 59) in einen dichten Haufen zusammengedrängt an der Bauchseite der Luftkammer gesessen hatten, waren jetzt in eine longitudinale Reihe hinter einander geordnet, welche unterhalb der Luftkammer (l) an dem gestreckten proximalen Stammtheile, in der Mittellinie der Bauchseite sass. Die jüngsten Schwimmglocken-Knospen sassen unmittelbar unter der Luftkammer, die ältesten dagegen über der Basis der Taster, gegenüber dem Reste des Dotters, welcher eine concav-convexe Dotterhöhle (*d e*) umschloss. Die Knospen der Schwimmglocken waren noch einfache Ausstülpungen des Stammes, und zeigten noch nicht die weitere Differenzirung, welche an den Schwimmglocken der *Physophora*-Larve (in Fig. 25) zu bemerken war.

Der *Polypit* (*p*, Fig. 60) zeigte einen höheren Grad der Differenzirung als in der dritten Woche, und liess deutlich die drei Abschnitte des ausgebildeten, reifen Polypiten unterscheiden, nämlich einen kegelförmigen, proximalen Basaltheil, mit wenig differenzirter Wand, einen mittleren geräumigen Theil, die eigentliche Magenhöhle, deren Ectoderm dünn, das Entoderm verdickt und mit vielen Zotten besetzt ist, und einen schlanken, distalen Rüssel, dessen Entoderm aus hohen schmalen Cylinderzellen besteht und der am Ende den von vielen Nesselzellen umgebenen Mund zeigt. Der *Fangfaden* (*f*), welcher von der ventralen Basis des Polypiten ausgeht, war an diesem Exemplare in der Entwickelung auffallend zurück geblieben, indem er nur einen einzigen Nesselknopf, mit einfachem Endfaden, besass und keine secundären Fangfäden entwickelt hatte. Die beiden birnförmigen Taster (*t₁* und *t₂*) zeigten keine Veränderung.

Wenn man aus dieser einzigen Larve, welche bis zum Ende der vierten Woche verfolgt wurde, welche aber vielleicht nicht ganz normal entwickelt war, einen Schluss auf die Metamorphose von *Crystallodes* machen darf, so würde diese also gegen Ende des ersten Monats mit dem *Verluste der beiden ersten Deckstücke*, des aboralen und ventralen (*b₁* und *b₂*) beginnen, an deren Stelle sich zwei neue, die ventro-lateralen, und bald noch zwei andere (wahrscheinlich dorso-laterale) Deckstücke entwickeln. Die Gruppe der Schwimmglocken-Knospen, welche bisher unter dem aboralen Deckstück zusammengedrängt war, gelangt zur freien Entwickelung und ordnet sich in eine (ventrale) Reihe, unterhalb der Luftkammer, welche letztere sich durch Streckung des proximalen Stammtheiles von dem (früher unmittelbar anliegenden) Dotterreste und Basaltheile des Polypiten entfernt.

Woraus eigentlich der spätere *Stamm* oder das eigentliche *Coenosarc* des

Crystallodes-Cormus sich entwickelt, bleibt vorläufig noch ungewiss. Der oberste (proximale) Theil desselben, die Luftkammer (*l*), und die darunter liegende Axe der Schwimmsäule, bilden sich offenbar aus dem proximalen Theile des Dotters, und dass Wahrscheinlichste ist, dass auch die untere (distale) Hälfte des späteren Stammes (oder die Axe der Deckstücksäule) aus dem (distalen) Reste des Dotters entstehen wird. Es müsste dann der innere kleine Rest der unveränderten Dotterzellen aufgezehrt werden, und die dadurch erweiterte Dotterhöhle (*d c*) in unmittelbare Communication mit der oberen Stammhöhle treten. Möglich wäre es aber auch, dass der primitive Polypit selbst zum unteren Theile des späteren Stammes wird, wie bei *Physophora*. Der kleine geschlossene und mit Flüssigkeit gefüllte Sack, welcher aus dem Dotterreste entsteht, würde in diesem Falle als bedeutungsloser Anhang verschwinden, während er im ersteren Falle als Grundlage des Stammes grosse Bedeutung erlangen würde. Spätere Untersuchungen müssen diesen zweifelhaften Punkt entscheiden.

Wie bei *Physophora*, so ist auch bei *Crystallodes* der zuerst gebildete Polypit lange Zeit das einzige Ernährungsorgan der ganzen Colonie, und auch an der ältesten von mir beobachteten Larve war noch keine Spur von neuen Polypiten-Knospen sichtbar. Eine wesentliche Verschiedenheit der beiderlei Larven besteht darin, dass die Luftkammer (*l*) und der von ihr umschlossene Luftsack (*a*) bei *Physophora* aus dem proximalen Theile des Polypiten selbst, bei *Crystallodes* dagegen aus dem proximalen Theile des Dotters, unabhängig von dem erst später hervorknospenden Polypiten entsteht. Uebrigens ist hier, wie dort, der Luftsack (*a*) mit seinem proximalen, oberen, pigmentirten Ende angeheftet an das Entoderm des proximalen Stammendes (der Luftkammer), von deren beiden Bildungshäuten er im oberen Theile vollständig überzogen ist.

Wenn man die Deckstücke der Siphonophoren als (hydroide oder medusoide) Individuen betrachtet (gleich den Schwimmstücken), so bildet die älteste von uns beobachtete Larve (Fig. 60, vom XXVII[sten] Tage) und ebenso auch schon die Larven vom Ende der dritten Woche (Fig. 57, vom XXI[sten] Tage) bereits eine Colonie oder einen Stock (Cormus), welcher aus 15—18

Individuen zusammengesetzt ist, nämlich aus 1°, dem Polypiten nebst einem Fangfaden; 2°, zwei Tastern; 3°, sechs Deckstücken (vier entwickelten und zwei unentwickelten); 4°, sechs bis acht Schwimmglocken-(Knospen). Dazu kann vielleicht (wie im letzten Abschnitt gezeigt werden soll) als ein besonderes Individuum auch noch der Dotter nebst Luftkammer gerechnet werden, da sich aus dem Reste des ausgehöhlten Dotters wahrscheinlich der eigentliche Stamm bildet.

Um die Form der erwachsenen Colonie (Fig. 65, 66) anzunehmen, müsste nun unsere Larve (Fig. 57, 60) vor Allem ihren Stamm beträchtlich strekken und derart spiralig drehen, dass die einzeilige Reihe der Schwimmglocken sich in eine zweizeilige Säule verwandelt. Sodann müssten am distalen Ende der Schwimmstücksäule (also am proximalen Ende der Deckstücksäule) neue Individuen-Gruppen, gleich den ersten bereits vorhandenen, sich bilden, jede Gruppe aus einem Fangfaden nebst Polypiten, aus 2—3 Tastern und 4—8 Deckstücken bestehend. Die beiderlei (medusoiden) Geschlechts-Stücke würden diese Gruppen wohl erst später entwickeln. Wahrscheinlich erfolgen alle diese Veränderungen schon im Verlauf des zweiten Monats.

VII. Experimente über Vermehrung der Crystallodes-Larven durch künstliche Theilung.

(**Hierzu Taf. XI.**)

Die eigenthümlichen, oben (p. 51) beschriebenen amoebenartigen Bewegungen, welche die aus der Eifurchung hervorgegangenen und den Larvenleib des *Crystallodes* zusammensetzenden Zellen zeigen, bekunden offenbar einen hohen Grad von physiologischer Selbstständigkeit und von relativer Individualität in diesen Zellen. Man könnte auf den Gedanken kommen, den ganzen Leib der Siphonophoren-Larve am zweiten Tage, der lediglich ein kugeliges Aggregat von diesen grossen, hyalinen, amoeboiden Zellen darstellt, mit einer Amoeben-Colonie zu vergleichen. Vielleicht führt uns selbst dieser Vergleich auf die uralte Spur der ältesten palaeontologischen Entwickelung dieser Organismen. Als ich diese wunderbaren, in Fig. 36, Taf. VI dargestellten amoeboiden Bewegungen längere Zeit verfolgte und die grosse Selbstständigkeit der amoeboiden Zellen wahrnahm, kam ich auf den Gedanken, das gleichartige Zellen-Aggregat des Larvenleibes zu theilen und den Versuch zu machen, ob nicht jedes einzelne Theilstück sich wiederum zu einem neuen Individuum gestalten könne. Diese Versuche wurden durch einen unerwarteten, mich selbst überraschenden positiven Erfolg gekrönt (Taf. XI). Es zeigte sich, dass man den Körper einer *Crystallodes*-Larve vom zweiten Tage in zwei, drei, ja sogar vier Stücke künstlich theilen kann, und dass jedes dieser Theilstücke, wenn auch nicht zu einem vollständigen, doch zu einem rudimentären Siphonophoren-Stock sich entwickeln kann.

Die Experimente wurden einfach in der Weise angestellt, dass ich eine *Crystallodes*-Larve vom zweiten Tage (Taf. VI, Fig. 36), welche die amoeboiden Bewegungen lebhaft zeigte, in einem Uhrgläschen mit ein wenig Seewasser unter ein einfaches Präparir-Mikroskop brachte und dieselbe hier mittelst einer Staarnadel in zwei, drei oder vier Stücke zerschnitt, was in der Mehrzahl der Versuche auch gelang.

Sobald man die *Crystallodes*-Larve (Taf. VI, Fig. 36) mit der Nadel berührt, werden die amoeboiden Fortsätze der oberflächlichen Zellen langsam eingezogen, und die Oberfläche des kugeligen Leibes glättet sich. Unmittelbar nachdem die Durchschneidung erfolgt ist, krümmen sich die Theilstücke sichelförmig oder wurstförmig zusammen (Taf. XI, Fig. 73, 74) und zwar in der Weise, dass die Schnittfläche eine tiefe Concavität bildet, die frühere Oberfläche dagegen die entsprechende Convexität. Die Krümmung des concav-convexen wurstförmigen Zellenkörpers wird bald so stark, dass sich die beiden gegen einander gekrümmten Enden berühren, und dass die Höhlung der vertieften Schnittfläche verschwindet, indem sich ihre Wände an einander legen und verschmelzen. Dadurch wird wieder ein solider Zellenkörper hergestellt, welches sich alsbald kugelig abrundet. Schon kurze Zeit nach erfolgter Abrundung beginnt vom Neuen das Spiel der amoeboiden Bewegungen an denjenigen Zellen, welche die Oberfläche der neuen Kugel bilden. Abgesehen von der geringeren Grösse, gleicht jedes Theilstück wieder dem vollständigen Larvenleib vom zweiten Tage. Fig. 75 und 76 stellt zwei solche Hälften einer Larve dar, welche aus den Theilstücken (Fig. 73 und 74) hervorgegangen sind.

Gleich den unverletzten Larven vom zweiten Tage (Fig. 36) überziehen sich nun auch diese kugelig abgerundeten Theilstücke, nachdem sich ihre Oberfläche geebnet hat, mit einem Flimmerkleid, mittelst dessen sie sich langsam rotirend im Wasser umherbewegen. Auch die weiteren Veränderungen gleichen denen der unverletzten Larven, indem sich zuerst ein Fruchthof, dann eine Primitivhöhle (Fig. 37) u. s. w. bildet. Nur geschehen alle diese Veränderungen *langsamer*, als bei der unverletzten Larve, und zwar *um so langsamer, je kleiner das Theilstück ist*, je geringer die Anzahl der gleichartigen, dasselbe zusammensetzenden Bildungszellen. Ich will mich nun mit den Veränderungen im Einzelnen nicht weiter aufhalten, sondern sogleich das fertige Resultat angeben, welches die Theilstücke an dem Tage zeigten, an welchem ich sie zum letzten Mal untersuchte.

Von zehn Experimenten, in denen die künstliche Theilung der *Crystallodes*-Larve gelang, erfolgte in sechs Fällen eine Entwickelung über den dritten Tag hinaus, und zwar in einem Falle bis zum fünften, in drei Fällen bis zum achten, und in zwei Fällen bis zum zehnten Tage. Unter diesen sechs Fällen waren drei Zweitheilungen, zwei Dreitheilungen und eine Viertheilung.

Erstes Experiment: Zweitheilung der Larve. Entwickelung bis zum *fünften* Tage verfolgt. Die beiden Theilstücke waren in diesem Falle sehr ungleich. Das kleinere Theilstück bewegte sich noch am fünften Tage als eine kleine, wimpernde, aus homogenen Zellen zusammengesetzte Kugel im Wasser umher, welche nur an einer Stelle einen runden dunkeln Fleck, aus zahlreichen kleinen Zellen zusammengesetzt (den Fruchthof?) zeigte, sehr ähnlich der in Fig. 80, Taf. XI, abgebildeten Larve. Das grössere (etwa dreimal so grosse) Theilstück dagegen hatte eine Gestalt angenommen, welche der in Fig. 41 und 42 auf Taf. VI abgebildeten sehr nahe stand. Es hatte sich das aborale Deckstück in der gewöhnlichen Form gebildet, ferner die Anlage des Luftsackes (*a*) und des Polypiten (*p*). Die drei Höhlen der Deckstücke, des Luftsackes und des Polypiten standen noch in offener Communication.

Zweites Experiment: Zweitheilung der Larve. Entwickelung bis zum *achten* Tage verfolgt. Auch hier waren die beiden Theilstücke sehr ungleich. Das kleinere Stück bewegte sich noch am achten Tage als eine kleine, wimpernde, aus homogenen Zellen zusammengesetzte Kugel im Wasser umher. Ein Fruchthof (wie in Fig. 80) war nicht an derselben zu bemerken. Das grössere (ungefähr viermal so grosse) Theilstück dagegen hatte eine Form angenommen, welche der in Fig. 83 abgebildeten Larve sehr ähnlich war. Es glich ziemlich einer normalen Larve vom sechsten Tage, und bestand aus dem aboralen kappenförmigen Deckstück (b_1), welches fast halb so gross als der Nahrungsdotter (*d*) war. Im aboralen Dottertheil hatte sich der Luftsack (*a*) wohl entwickelt und von der Primitivhöhle vollkommen abgeschnürt. Sein oberer Theil enthielt eine grosse Luftblase. Auf der Bauchseite hatte sich ein grosser Polypit (*p*) und im Rücken desselben eine andere Knospe (wahrscheinlich des ersten Tasters, *t*) entwickelt. Andere Knospen waren noch nicht sichtbar.

Drittes Experiment: Zweitheilung der Larve. Entwickelung bis zum *zehnten Tage* verfolgt. Die beiden Theilstücke waren ziemlich gleich gross und hatten am zehnten Tage fast die gleiche Gestalt angenommen. Sie glichen ungefähr einer normalen Larve vom achten Tage (Fig. 47 und 48, Taf. VII), waren jedoch etwas unregelmässiger. Beide Larven hatten zwei Deckstücke entwickelt, das aborale (b_1) und das ventrale (b_2), letzteres nur etwa halb so gross als das erstere. Der Luftsack war bei beiden von der Primitivhöhle abgeschnürt, hatte jedoch nur bei der einen Larve Luft entwickelt. Bei der anderen lag die Luftflasche zusammengefaltet in der Flüssigkeit des Luftsackes (wie in Fig. 61, Taf. IX). Unter dem aboralen Deckstück, zwischen dem Luftsack, dem Dotter und dem ventralen Deckstück, befand sich bei jeder der beiden Larven ein ziemlich kleiner Polypit, sowie eine Gruppe von 3—4 Knospen.

Viertes Experiment: Dreitheilung der Larve. Entwickelung bis zum *achten Tage* verfolgt. Die drei Theilstücke waren sehr ungleich; ihr Durchmesser, nachdem sie sich kugelig abgerundet hatten, verhielt sich $= 2 : 3 : 4$. Nach Verlauf von acht Tagen hatten die drei Theilstücke die in Fig. 77, 78 und 79 auf Taf. XI dargestellten Formen angenommen. Das *kleinste Theilstück* (Fig. 77) zeigte einen ellipsoiden Körper, welcher aus unveränderten hyalinen Zellen zusammengesetzt war. An einem Pole seiner Längsaxe hatte sich ein Luftsack (*a*) entwickelt, jedoch abweichend von der normalen Weise, indem sich Flüssigkeit zwischen Ectoderm und Entoderm angesammelt und in dieser eine Luftflasche (*u*) gebildet hatte. Das reflectirte Entoderm schien über dieser Höhle wieder zusammen zu wachsen, und so, indem es dieselbe rings umgab, den Luftsack herzustellen. Luft war in der Höhle nicht entwickelt. *Das mittlere Theilstück* (Fig. 78) hatte eine sehr unregelmässige Gestalt angenommen. Der eiförmige, grösstentheils aus unveränderten Dotterzellen zusammengesetzte Körper zeigte an beiden Polen seiner Längsaxe eine beträchtlich grosse Höhle, deren Innenwand flimmerte. Ferner zeigte sich Flimmerbewegung an einer kleinen pigmentirten Stelle zwischen beiden Höhlen. Die distale Höhle (*dc*) entsprach wohl der gewöhnlichen Dotterhöhle. In der proximalen Höhle hing der Luftsack, welcher nur an einer Stelle mit der Wand derselben verwachsen war. Der Luftsack schien normal gebildet und umschloss in seiner proximalen Hälfte eine grosse Luftblase. Er war vollständig von dem Entoderm der mit ihm verwachsenen Wand abgeschnürt. Von der den Luftsack umgebenden Höhle ging an einer Stelle eine lange unentwickelte Knospe ab, welche an ihrem Ende eine zweite Knospe seitlich entwickelt hatte. Das *grösste Theilstück* (Fig. 83) war wenig verschieden von einer normalen Larve vom achten Tage. Es waren zwei wohl entwickelte Deckstücke vorhanden, ein aborales (b_1) und ein ventrales (b_2). Zwischen diesen und dem Dotter (*d*) sass ein wohl entwickelter Polypit (*p*), umgeben von mehreren Knospen, von denen eine wohl die des Fangfadens (*f*), eine andere die des Tasters (*t*) war. Auch der Luftsack (*a*), im aboralen Ende des Dotters, war wie gewöhnlich ausgebildet und enthielt eine grosse Luftblase.

Fünftes Experiment: Dreitheilung der Larve. Entwickelung bis zum *zehnten Tage* verfolgt. Von den drei Theilstücken waren zwei ziemlich gleich gross, das dritte bedeutend (etwa dreimal) kleiner. Dieses letztere Stück stellte noch am zehnten Tage eine kleine kugelige, wimpernde Larve dar, deren ganzer Körper aus gleichartigen, unveränderten Zellen bestand. Nur an einer Stelle zeigte sich ein dunkler Fleck der Oberfläche, aus einer Anhäufung kleiner, trüber Zellen gebildet (Fruchthof?). Von den beiden übrigen, ziemlich gleich grossen Theilstücken hatte das eine nur ein aborales, das zweite sowohl ein aborales als ein ventrales Deckstück entwickelt. Bei beiden war ein Polypit, eine Gruppe von 3—4 kleinen Knospen, und im Rücken derselben, eingeschlossen in dem distalen Dottertheil, ein Luftsack vorhanden. Bei dem mit einem Deckstück versehenen Theilstück hatte derselbe eine Luftblase entwickelt. Bei dem mit zwei Deckstücken versehenen Theilstück dagegen enthielt der Luftsack bloss Flüssigkeit und eine in derselben schwimmende Luftflasche.

Sechstes Experiment: Viertheilung der Larve. Entwickelung bis zum *achten Tage* verfolgt (Taf. XI, Fig. 80—83). Die vier Theilstücke waren sehr ungleich. Nachdem sie sich zu kugeligen wimpernden Larvenkörpern abgerundet hatten, verhielten sich die Durchmesser der vier Theilstücke = 1 : 2 : 3 : 5. Am achten Tage war das kleinste Theilstück (Fig. 80) immer noch eine einfache wimpernde Kugel, aus gleichartigen Zellen zusammengesetzt. Nur an einer Stelle der Oberfläche war, wie bei den vorher erwähnten kleinsten Theilstücken, ein dunkler Fleck bemerkbar, gebildet aus einem Haufen kleiner, trüber Zellen (Fruchthof?). Das *zweite Theilstück* (Fig. 81) bildete ebenfalls eine kleine, wimpernde, aus gleichartigen hyalinen Zellen zusammengesetzte Kugel, welche jedoch an den beiden Polen einer Axe (der Hauptaxe) zwei Höhlungen einschloss. Die grössere Höhlung, am distalen Pole, war die Dotterhöhle (*dc*); die kleinere Höhlung, am proximalen Pole, war die Luftsackhöhle (*ac*). Der Luftsack selbst (*a*) sprang mit seinem proximalen Theile, der eine grosse Luftblase (*uv*) enthielt, kegelartig vor und war hier von einer doppelten Hülle, Ectoderm (*e*) und Entoderm (*i*) umgeben, von denen letzteres unmittelbar die Luftsackwand oder das Entoderma reflexum (*a*) umhüllte. Das *dritte Theilstück* (Fig. 82) war dem zweiten sehr ähnlich, nur etwas grösser. Es bestand ebenfalls aus einer grosszelligen wimpernden Kugel, welche an den beiden Polen der Längsaxe eine mit Flüssigkeit erfüllte wimpernde Höhle umschloss. Die sphaeroide distale Höhle war auch hier wieder die Dotterhöhle (*dc*); die gegenüberstehende, längliche, proximale Höhle dagegen die Luftsackhöhle (*ac*). Diese letztere enthielt jedoch hier keine Luftblase, sondern bloss eine in der Flüssigkeit flottirende zusammengefaltete Luftflasche (*u*). Auch war der Luftsack nicht vollständig von der darüber hinweggehenden äusseren Decke, dem Ectoderm (*e*), abgeschnürt. Es sah vielmehr (ebenso wie in Fig. 77) so aus, als ob sich Flüssigkeit zwischen Entoderm und Ectoderm angesammelt hätte, und als ob dadurch ein wirkliches „Entoderma reflexum" gebildet würde, das nachher (durch Verwachsung an der Anheftungsstelle des Luftsacks) die Wand des Luftsacks bilden würde. Das *vierte Theilstück* (Fig. 83) welches ungefähr die Hälfte des ursprünglichen Larvenleibes betrug, hatte sich am achten Tage zu einer Larve entwickelt, welche einer normalen Larve vom sechsten oder siebenten Tage sehr ähnlich sah. Dieselbe besass ein einziges grosses aborales Deckstück (b_1), ungefähr dem Dotter (d) an Grösse gleich; im proximalen Dottertheil befand sich ein normal entwickelter Luftsack (a), der auch eine grosse Luftblase enthielt. In der Deckstückhöhle lag ein Polypit (p), und zwischen diesem und dem Luftsack eine Knospe (wahrscheinlich von einem Taster, t).

Aus diesen Theilungs-Experimenten scheinen sich folgende Schlüsse ziehen zu lassen: Die Entwickelung des Theilstückes geht um so langsamer vor sich, je kleiner dasselbe ist. Die aus dem Theilstück sich bildende Larve ist um so unvollständiger und neigt um so mehr zur Monstrosität, je kleiner das Theilstück ist. Der fast regelmässig an den Theilstücken zuerst und am stärksten sich entwickelnde Theil ist der Luftsack nebst der Luftflasche, der auch dann sich meistens ausbildete, wenn weder Deckstück, noch Polypit, noch andere Anhänge zur Ausbildung gelangten.

VIII. Beschreibung von Varietäten und Monstrositäten der Crystallodes-Larven.

(Hierzu Taf. XII und XIII.)

Die ungewöhnliche und sehr auffallende Neigung der Siphonophoren-Larven, während ihrer Entwickelung vom normalen Gange derselben abzuweichen und zahlreiche Varietäten und Monstrositäten zu bilden, ist bereits im vierten Abschnitt erwähnt worden, wo wir eine Anzahl solcher Abnormitäten von *Physophora* kennen lernten (Taf. V). Nicht minder gross und oft noch auffallender, als bei den Larven von *Physophora*, ist diese Aberrations-Neigung bei den Larven von *Crystallodes*, und das hohe Interesse, welches diese Bildungen für Darwin's Theorie von der Entstehung der Arten besitzen, wird es rechtfertigen, wenn wir auch hier deren Beschreibung einen besonderen Abschnitt widmen (Taf. XII und XIII).

Wie bei *Physophora*, so scheinen auch bei *Crystallodes* die Abweichungen von dem normalen Entwickelungsgange, welche oft eine sehr bedeutende Höhe erreichen, schon durch sehr geringfügige Abänderungen in den äusseren Existenzbedingungen der Larve verursacht zu werden, wie z. B. durch den Temperaturgrad und die Quantität des Seewassers, in welchem sich die Larve entwickelt, durch die Form der Glassgefässe (flache Schaalen oder hohe Cylindergläser), welche das Wasser enthalten, durch die zutretende Lichtmenge, öfter wiederholte Erschütterungen, geringeren oder stärkeren Salzgehalt des Wassers (durch verschiedenen Grad der Verdampfung bedingt),

u. drgl. mehr. Die dadurch veranlassten, oft sehr bedeutenden Abänderungen können theils als Hemmungsbildungen, theils als Rückschläge in die Form längst ausgestorbener Stammeltern, theils als völlige Neubildungen aufgefasst werden. Die letzteren könnten wohl unter günstigen Umständen sich fortpflanzen und durch Vererbung ihrer Eigenthümlichkeit zur Bildung neuer Arten, Gattungen u. s. w. führen.

In noch höherem Grade, als von *Physophora*, gilt von *Crystallodes* zunächst der Satz, dass die *Zeitdauer der Entwickelung sehr variabel* ist. Alle Angaben welche im sechsten Abschnitte über die Veränderungen der *Crystallodes*-Larven an den einzelnen Tagen gemacht sind, dürfen nur als Mittelwerthe angesehen werden, welche sich auf die Mehrzahl der beobachteten Individuen beziehen. Bei vielen Individuen traten die Veränderungen der Form langsamer, bei anderen dagegen rascher ein; namentlich gilt dies von den ersten Tagen der Entwickelung. Der Unterschied ist so bedeutend, dass mehrere Larven die in Fig. 49 (Taf. VII) dargestellte Form, welche gewöhnlich schon am zehnten Tage auftritt, erst am fünfzehnten Tage erreicht hatten, während sie bei einigen anderen schon am siebenten Tage ausgebildet war. Die Luftabsonderung in dem abgeschnürten Luftsacke begann meistens am siebenten Tage, in einigen Fällen aber schon am fünften und in vielen anderen Fällen erst viel später, am zwölften bis vierzehnten Tage. Ebenso trat die Entwickelung des Fangfadens und seines ersten Nesselknopfes zwar gewöhnlich schon am zehnten Tage ein, bisweilen aber bereits am siebenten und anderemale erst am zwölften Tage. Sehr ungleich war ferner der Termin für die Bildung der Dotterhöhle im Nahrungsdotter und für die Entwickelung des ventralen Deckstückes. Am meisten auffallend aber war mir die merkwürdige Ungleichheit in den Entwicklungs-Vorgängen des Fruchthofes am dritten und vierten Tage, welche bereits oben (p. 54) erwähnt worden ist. Nicht allein, dass die Form und Grösse des Fruchthofs und der in demselben zuerst sich bildenden Primitivhöhle, sowie des darüber sich zunächst entwickelnden aboralen Deckstückes sehr verschieden war, sondern es schienen sich sogar in mehreren Fällen aus dem Fruchthofe eine Anzahl (drei bis vier) Knospen fast gleichzeitig zu erheben, von denen eine zum aboralen Deckstück, eine zweite zum Polypiten und die beiden anderen wahrscheinlich zum Fangfaden und Taster sich gestalteten; jede dieser Knospen schien sich selbstständig auszuhöhlen und die so unabhängig von einander entstandenen Höhlen erst nachträglich zur Primitivhöhle zusammen zu fliessen. Diese und andere, höchst befremdende Abweichungen von dem normalen Entwickelungsgange lassen es höchst rathsam erscheinen, bei der Untersuchung der Siphonophoren-Entwickelung, so wie ich es gethan habe, stets eine grössere Anzahl von Larven gleichzeitig und vergleichend zu untersuchen, weil man sonst niemals sicher ist, nicht durch einzelne aberrante Bildungen irre geführt zu werden. Ich selbst hatte mir, als ich die ersten mühsamen Versuche machte, die *Crystallodes*-Entwickelung zu verfolgen, irre geleitet durch einzelne Monstrositäten, ein ganz falsches Bild von deren Entwickelung gemacht, welches ich erst erkannte, als ich eine zweite Beobachtungs-Reihe mit einer grösseren Anzahl von Larven anstellte.

Was die Varietäten und Monstrositäten der einzelnen Körpertheile betrifft, so stehen bei den Larven von *Crystallodes*, gleichwie bei denen von *Physophora*, obenan die Abweichungen in der Bildung der Deckstücke und des Luftsackes. Die *Deckstücke* (b) zeigten nur in der *Mehrzahl* der Fälle denjenigen Entwickelungsgang in Zahl, Grösse und Form, welcher auf Taf. VI—VIII dargestellt ist. In vielen anderen Fällen wichen sie von dieser Norm mehr oder minder auffallend ab. Zunächst ist hier zu bemerken, dass in mehreren Fällen nur *ein einziges Deckstück* zur Entwickelung gelangte, und zwar das erste, aborale oder proximale Deckstück (b_1). Dasselbe war dann in der Regel übermässig entwickelt und schien sowohl durch seine Grösse, als durch seine Form und die Bildung seines Nähr-Canals anzudeuten, dass es die übrigen Deckstücke physiologisch, und bisweilen auch morphologisch, repräsentire; so in den Fällen Fig. 84, 85 und 87 auf Taf. XII. In anderen Fällen gelangten nur *zwei Deckstücke* zur Entwickelung, das aborale (b_1) und das ventrale (b_2), während die beiden lateralen (b_3, b_4) und die späteren ventro-lateralen gänzlich auszufallen schienen; so in den Fällen Fig. 86, 89 und 90 auf Taf. XIII. Umgekehrt fand bisweilen eine *abnorme Vermehrung der Deckstücke* statt, indem sich die lateralen und ventro-lateralen schon vor ihrer eigentlichen Zeit ausbildeten, letztere namentlich während noch das erste und zweite Deckstück vorhanden waren; so in Fig. 88, Taf. XII.

Diese letztere Larve besass gleichzeitig, und zwar schon am zwölften Tage, sechs Deckblätter, nämlich das aborale (b_1), das ventrale (b_2), die beiden lateralen (b_3, b_4) und die beiden ventrolateralen (b_5, b_6). Ausserdem entwickelten sich in einigen Fällen noch ein oder zwei überzählige Deckstücke an der Rückenseite oder an der Bauchseite.

Die Grösse der Deckstücke war insbesondere in jenen Fällen, wo nicht die normale Zahl zur Entwickelung kam, abnorm. Diese Hypertrophie betraf vor Allem das erste oder aborale Deckstück (b_1), welches am häufigsten die übrigen ersetzte. Seltener war das zweite oder ventrale Deckstück (b_2) hypertrophisch; und die lateralen Deckstücke (b_3, b_4) schienen öfter zur Atrophie als zur Hypertrophie hinzuneigen. (Vergl. Taf. XII und XIII).

Formveränderungen der Deckstücke waren noch häufiger und auch bedeutender, als die erwähnten Abnormitäten in Zahl und Grösse, und stets mit letzteren verbunden. Besonders variabel zeigte sich die Form des aboralen und des ventralen Deckstückes (b_1 und b_2), während die beiden lateralen Deckstücke sich formbeständiger zeigten. Die gewöhnliche Helmform oder Kapuzenform des aboralen Deckstückes (Fig. 50) wurde oft ersetzt durch die Gestalt eines flachen Deckels (Fig. 90, 91) oder einer gewölbten Kuppel (Fig. 85, 87) oder einer fast zweiklappigen, kahnförmigen Schale, welche bald lateral (Fig. 84), bald dorso-ventral comprimirt erschien (Fig. 86). Auch der Nährcanal des aboralen Deckstücks (bc_1) zeigte vielfache Abweichungen in seiner Form, besonders in der Biegung seines Kniees. Gewöhnlich steigt dieser Canal von der Centralhöhle (dem Rest der Primitivhöhle) aus vertical (in proximaler Richtung) in die Höhe, und biegt sich dann in einem variablen (meist spitzen) Winkel knieförmig nach der Bauchseite um. In einigen Fällen dagegen (Fig. 88, 91) nahm derselbe höchst auffallender Weise einen grade entgegen gesetzten Verlauf, indem die Kniebiegung nicht ventral, sondern dorsal war, und der Canal grade nach dem Rücken der Larve hinlief. Das aborale Deckstück selbst schien dann vollständig umgekehrt zu sein und bedeckte den aboral-dorsalen Theil des Larvenkörpers. Einigemal spaltete sich auch der Nährcanal des aboralen Deckstückes sogleich in zwei Schenkel, von denen der eine, längere, in ventraler, der andere, kürzere, in entgegengesetzter dorsaler Richtung verlief (Fig. 84, 41).

Das zweite oder *ventrale Deckstück* (b_2) zeigte ebenfalls in seiner Gestalt sehr beträchtliche Schwankungen. Dasselbe besteht, wie oben (p. 90) beschrieben wurde, in der Regel aus zwei rechtwinkelig verbundenen und in der Mittellinie kahnförmig gefalteten Platten (Fig. 51, Taf. VII); die horizontale Platte ist in dem ventralen Theil der Schirmhöhle des aboralen Deckstücks versteckt, während die verticale Platte frei vorragend die Bauchseite des Larven-Körpers von vorn her bedeckt. Das Grössenverhältniss dieser beiden Platten, ebenso wie ihre Umrisse sind sehr wechselnd. Selten ist die horizontale Platte so stark entwickelt, wie in Fig. 88, Taf. XII; öfter dagegen ist sie sehr klein, rudimentär, und bisweilen fehlt sie ganz; so in Fig. 89 und 90, Taf. XIII. In letzterem Falle ist die verticale Platte um so stärker entwickelt. Die Form der verticalen Platte, welche die ganze Bauchseite bedeckt, ist sehr variabel, meistens rhombisch, oft aber auch kahnförmig, indem der ventrale Sagittalkiel sehr scharf in der Mittellinie vorspringt. Bisweilen rollen sich die Seitenränder nach der Rückenseite zu förmlich nach innen ein (Fig. 89). Anderemale springen die vier Ecken der rhombischen Platte dergestalt vor, dass dieselbe vierzipfelig erscheint (Fig. 90). Besonders die beiden seitlichen Zipfel stehen dann rechts und links wie ohrenförmige Anhänge vor. Der Nährcanal des ventralen Deckstücks läuft meist ungetheilt in der Mittellinie der Rückenseite der verticalen Platte herab. Bisweilen aber sendet er zwei seitlich abgehende Aeste aus, einen rechten und einen linken, welche zu zwei rudimentären Tentakularknöpfen (r) verlaufen (Fig. 90). Diese letzteren Organe, welche oben (p. 62) beschrieben worden sind, variiren sehr, wie alle rudimentären Organe. Bisweilen fehlen sie am ventralen Deckstück ganz. Gewöhnlich ist nur ein Knopf vorhanden, welcher meist in der Mitte der verticalen Platte oder in dem Knie zwischen dieser und der horizontalen Platte sitzt. Seltener sind zwei bis drei Knöpfe vorhanden (Fig. 90) und einmal beobachtete ich deren vier (Fig. 89). Gewöhnlich sind die Ränder der verticalen Platte zierlich ausgeschweift-gezähnelt, bisweilen aber auch ganz glatt.

Die beiden *lateralen Deckstücke*, rechtes (b_3) und linkes (b_4), sind in ihrer Form weniger variabel. Gewöhnlich haben sie anfangs die Gestalt von rhombischen oder mehr quadratischen Platten (Fig. 49 b_3 b_4, Fig. 52, 53, 88 b_3 b_4). Späterhin nehmen sie die schwer zu beschreibende Form an, welche auf Taf. VIII abgebildet ist. Dann ist gewöhnlich der untere (dorsal-orale) Rand des dorsalen Ausschnittes bei dem rechten Deckstück (b_3) zweizipfelig, mit zwei rudimentären Tentakularknöpfen, bei dem linken Deckstück (b_4) einzipfelig, mit einem Knopfe (r). Bisweilen sind aber auch drei oder selbst vier Knöpfe vorhanden; selten fehlen sie ganz. Der Rand der beiden lateralen Deckstücke ist, wie der des ventralen Stückes, bald glatt, bald ausgeschweift-gezähnelt. Zuweilen erhalten auch die lateralen Deckstücke eine ganz monströse Gestalt (z. B. in Fig. 92, Taf. XIII).

Abnormitäten des Luftsackes (a) sind auch bei *Crystallodes* (wie bei *Physophora*) nächst denen der Deckstücke am bedeutendsten. Auch hier, wie dort, bleibt bisweilen der Luftsack ganz offen, indem er sich nicht von der Primitivhöhle abschnürt; so namentlich bei den durch künstliche Theilung erzeugten Monstrositäten (Taf. XI, Fig. 77, 82). Anderemale schnürt sich der Luftsack zwar vollständig ab und bildet einen geschlossenen, mit Flüssigkeit gefüllten Sack, welcher zuerst mitten zwischen den Dotterzellen, später frei an der Spitze des Stammes (Luftkammer) liegt. Allein die Luftentwickelung bleibt oft völlig aus (Taf. XIII, Fig. 89, 90, 91, 92). Nicht selten findet sich dann aber in der Flüssigkeit, welche den Luftsack (*a*) erfüllt (*ac*), die zusammengefaltete Luftflasche (*u*); so in Fig. 89, 90, 91, Taf. XIII, und Fig. 61, Taf. IX. Im Gegensatze zu dieser *Atrophie* des Luftsackes findet sich bisweilen bei monströsen Larven auch *Hypertrophie* desselben, indem übermässige Luftentwickelung statt findet und den Luftsack zu einer colossalen ellipsoiden Blase ausdehnt (Taf. XII, Fig. 85, 86, 87 *a*). Diese Abnormitäten sind ebenso wie die entsprechenden von *Physophora* (Taf. V, Fig. 30, 31) sehr geeignet, die eigenthümliche Umbildung des Stammes zu einer grossen Luftblase zu erläutern, welche das Genus *Physalia* charakterisirt.

Von den übrigen Körpertheilen der *Crystallodes*-Larve, nach Ausschluss der Deckstücke und des Luftsackes, zeigen der Polypit, sowie sein Fangfaden, und die beiden Taster (t_1, t_2) nur selten Abweichungen von der normalen Bildung, und diese sind auch von keinem weiteren morphologischen Interesse. Ziemlich variabel erscheint die Zeit, zu welcher der Durchbruch der Magenhöhle des Polypiten nach aussen und dadurch die Bildung der Mundöffnung eintritt. Ebenso ist bei verschiedenen Individuen der Zeitpunkt verschieden, an welchem der Fangfaden des Polypiten seine volle Entwickelung erlangt, und an welchem derselbe beginnt, die secundären Fangfäden nebst ihren Nesselknöpfen zu erzeugen. Sodann muss noch erwähnt werden, dass die Ausdehnung der Centralhöhle sehr verschieden ist, in welche die Canäle der Deckstücke, des Polypiten, der Taster, der Knospen u. s. w. einmünden, und welche der Rest der Primitivhöhle ist. Bisweilen bildet dieselbe einen ausgedehnten Sinus (Fig. 88, 91).

Wichtiger als diese unbedeutenden Abnormitäten, sind einige Differenzen, welche in dem Schicksal des Nahrungsdotters (d) eintreten. Gewöhnlich wird die aus gleichartigen, unveränderten Furchungszellen bestehende Dottermasse allmählig aufgezehrt zu Gunsten des wachsendes Larvenleibes, so dass zuletzt der Dotter nur noch einen unbedeutenden Bulbus zwischen Luftkammer und Polypiten bildet. In der Regel tritt am elften oder zwölften Tage die Bildung der Dotterhöhle ein, indem sich am oralen Pole der Dotterkugel (gegenüber dem Luftsack) Flüssigkeit ansammelt zwischen der ventralen, unveränderten Zellenmasse und einer peripherischen Wandschicht, welche aus zwei Zellenlagen, Ectoderm und Entoderm besteht (Fig. 54, 57, 58, 59 etc.). Die Grösse der so gebildeten Dotterhöhle ist sehr verschieden, ebenso wie ihr Wachsthum und die Zeit ihres ersten Auftretens. Bisweilen bleibt der Dotter sehr lange solid (Taf. XIII, Fig. 89) und zeigt auch noch keine Höhle, nachdem er fast schon ganz aufgezehrt ist.

In einigen Fällen zeigte der Dotter eine abweichende Bildung, welche mir sehr bemerkenswerth zu sein scheint. Es nahm nämlich die von dem Ectoderm und Entoderm umschlossene Dotterhöhle eine kegelförmige Gestalt an (Fig. 85, Taf. XII) und spitzte sich nach dem oralen Pole hin rüsselförmig zu, ähnlich dem Rüssel des Polypiten. Wie bei letzterem, bildeten sich die Zellen des Entoderm zu einem schlanken Cylinder-Epithel aus; ja in zwei Fällen schien sich sogar an der kegelförmingen Spitze eine Mundöffnung zu bilden. Sollte sich in diesen Fällen der Dotter noch nachträglich in einen Polypiten umbilden? Höchst auffallend zeigte sich in dieser Beziehung die in Fig. 91, Taf. XIII abgebildete Monstrosität, vom elften Tage. Fast alle Theile derselben waren monströs gebildet, so namentlich das aborale (b_1) und die beiden lateralen Deckstücke $(b_3\ b_4)$ nebst ihren bogenförmig gekrümmten Nährcanälen. Der Luftsack hatte keine Luft, wohl aber eine Luftflasche (v) abgeschieden. Das merkwürdigste war aber der ganz monströse und in der Entwickelung offenbar sehr zurückgebliebene Polypit (p), an dem sich keine Mundöffnung gebildet hatte, und dessen Wände nicht die gewöhnliche Differenzirung zeigten. Statt dessen hatte sich die orale Dotterhöhle (dc) polypitenähnlich entwickelt und schien sich an der Spitze des Rüssels durch einen Mund zu öffnen. Gegenüber der oralen Dotterhöhle hatte sich die Primitivhöhle derartig im aboralen Dottertheile ausgebreitet, dass hier der Dotterrest von der Wand abgetrennt war, und dass eine zweite (aborale) Dotterhöhle der ersten (oralen) entgegenwuchs. Wahrscheinlich würden beide Höhlen, wenn die Larve nach länger gelebt hätte, sich vereinigt und so einen Polypiten gebildet haben, der anstatt des rudimentären eigentlichen Polypiten die Colonie ernährt hätte.

Nach meiner Ansicht würde diese merkwürdige Monstrosität als ein Rückschlag in die Entwickelungsform der alten Ahnen von *Crystallodes* anzusehen sein, bei denen, wie bei *Physophora*, der Dotter selbst in toto sich zum primitiven Polypiten umbildete. Es würde dadurch die Ansicht bekräftigt werden, welche ich im letzten Abschnitte ausführen werde, dass der Entwickelungs-Modus der Siphonophoren mit Nahrungsdotter (*Crystallodes, Athorybia*) ein secundär erworbener, derjenige Modus dagegen, bei welchem sich das ganze Ei in den primitiven Polypiten umbildet (*Physophora, Physalia*) der ursprüngliche ist.

IX. Individuelle Entwickelungsgeschichte von Athorybia.

(**Hierzu Taf. XIV.**)

Athorybia schliesst sich in ihrer individuellen Entwickelungsgeschichte auf das Engste an *Crystallodes* an. Während die entwickelten und geschlechtsreifen Formen dieser beiden Genera in so auffallendem Maasse verschieden sind, stimmen dagegen ihre Larven in so hohem Grade überein, dass man sie ohne Weiteres sehr leicht verwechseln könnte. Ich konnte die Entwickelung von *Athorybia* leider nur bis zum siebenten Tage verfolgen, an welchem die zarten Larven dieses wunderschönen Thieres starben. Allein bis zu diesem Termine gleichen die Larven denen von *Crystallodes* in allen wesentlichen Punkten, wie leicht aus einer Vergleichung der Taf. XIV mit Taf. VI und VII zu ersehen ist. Insbesondere vergleiche man Fig. 95 mit 39, Fig. 96 mit 40, ferner Fig. 97 mit 42, Fig. 98 mit 43, und endlich Fig. 99 mit 46, sowie Fig. 100 mit Fig. 44.

Ganz ebenso wie bei *Crystallodes*, bildet sich auch bei *Athorybia* zunächst nach Vollendung der Furchung des Eies an dessen proximalem Pole ein aus drei Blättern bestehender Fruchthof, als Keimstätte des Larven-Körpers, und somit ein Gegensatz zwischen Bildungsdotter und Nahrungsdotter. Sodann entsteht auch hier, wie dort, in dem Fruchthofe die Primitivhöhle, aus deren proximalem Theile sich der Nährcanal des aboralen Deckstücks, aus dem distalen Theile dagegen der Luftsack bildet. Zwischen beiden sprosst aus der Primitivhöhle an deren Bauchseite der primitive Polypit hervor, während gleichzeitig das aborale Deckstück die ganze proximale Körperhälfte überwölbt. Der Körper besteht jetzt bei *Athorybia* (Fig. 95, 96), ebenso wie bei *Crystallodes* (Fig. 39, 40), aus vier deutlich differenzirten Stücken, nämlich 1°, dem Nahrungsdotter (d); 2°, dem Luftsack (a); 3°, dem aboralen Deckstück (b_1) und 4°, dem Polypiten (p). Während sich nun der Luftsack von der Primitivhöhle abschnürt, wachsen aus der Bauchseite der letzteren, beiderseits der Polypiten-Basis, zwei neue Knospen hervor, rechts der erste Taster (t) und links der Fangfaden (f). An der Bauchseite des Polypiten selbst entwickelt sich sodann das ventrale Deckstück (b_2), welches sich bei *Athorybia* (Fig. 99, 100) gleichfalls ähnlich wie bei *Crystallodes* verhält (Fig. 44—48). Zwei neue Knospen, welche jetzt neben dem Luftsack vortreten, werden wahrscheinlich hier, wie dort, zu zwei lateralen Deckstücken.

Ein unwesentlicher, aber auffallender Formunterschied, welcher schon vom vierten Tage an die Larven der *Athorybia* auszeichnet und leicht von denen des *Crystallodes* unterscheiden lässt, besteht darin, dass der Dotter bei letzteren seine ursprüngliche Kugelgestalt beibehält, bei ersteren dagegen stark lateral comprimirt und abgeplattet wird, so dass sein Umriss bei der Ansicht von der Rücken- oder von der Bauchseite nicht kreisrund, sondern elliptisch erscheint (Fig. 95, 97, 99). Ferner nimmt der Polypit von *Athorybia* schon sehr frühzeitig eine gelbe Färbung an, während der Polypit von *Crystallodes* farblos bleibt. Da in allen übrigen Beziehungen die Larven-Entwickelung beider Genera wesentlich übereinstimmt, so begnügen wir uns hier mit einer kurzen Skizze der an den Larven von *Athorbyia* beobachteten Formwandelungen, und verweisen hinsichtlich des Details auf die vorhergehende Entwickelungsgeschichte von *Crystallodes*.

Der Furchungsprocess des Eies weicht bei *Athorybia* nicht von der oben geschilderten Eifurchung von *Crystallodes* und *Physophora* ab. Auch hier treten am zweiten Tage, nach vollendeter Furchung, die oben beschriebenen amoebenartigen Bewegungen der Furchungszellen auf (Taf. XIV, Fig. 93). Nur erscheinen die amoeboiden Fortsätze der Zellen hier mehr als rundliche und breite stumpfe Höcker, deren oft eine Reihe von 3—4 hinter einander liegt. Der Larvenkörper nimmt dabei oft eine fast cubische oder polyedrische

Gestalt an. Die gleichartigen polyedrischen Zellen, welche diese amoeboiden Bewegungen ausführen, sind auch hier membranlose, einen runden Kern umschliessende, hyaline Plasmaklumpen.

Am dritten Tage erscheint auf der geglätteten Oberfläche des kugeligen Larvenkörpers ein kreisrunder gelblicher Fleck, der *Fruchthof*, welcher auch hier aus drei über einander liegenden Schichten von kleinen, trüben, gelblichen Zellen zusammengesetzt zu sein scheint. Durch Flüssigkeits-Ansammlung zwischen den beiden inneren Blättern entsteht die Primitivhöhle (Fig. 94), deren proximaler, frei vorstehender Theil demnach von den beiden äusseren Blättern (Ectoderm, *e*, und äusserer Lamelle des Entoderms, *i*) umgeben ist, während der distale, in die Dottermasse hineinragende Theil von dem innerem Blatte (der inneren Lamelle des Entoderms, *i*) umschlossen ist.

Am vierten Tage vergrössert sich die Primitivhöhle beträchtlich und ihr proximaler oberer Theil (*bc*) bildet sich zum Nährcanal des aboralen Deckstücks, ihr distaler unterer Theil (*ac*) zur Höhle des Luftsacks aus. An der Gränze beider Abtheilungen, auf der Ventralseite, sprosst aus der Primitivhöhle ein neuer Blindsack hervor (*pc*), die Anlage des Polypiten, der vom Entoderm (*i*) und Ectoderm (*e*) überzogen ist. Dieser wird rasch überwachsen und von oben her überdeckt durch das kappenförmige aborale Deckstück (b_1), welches durch Ansammlung von Gallertmasse zwischen Entoderm und Ectoderm des proximalen Vorsprungs der Primitivhöhle entsteht. Während dieser wichtigen Veränderungen, welche bei einigen *Athorybia*-Larven schon am vierten, bei anderen erst am fünften oder sogar erst am sechsten Tage eintraten, geht die ursprünglich kugelige Form des Nahrungsdotters bereits in die ellipsoide über, indem sie von beiden Seiten her, von rechts und links, stark abgeplattet wird. (Taf. XIV, Fig. 95 eine Larve vom Ende des vierten Tages, von der Rückenseite; Fig. 96 dieselbe von der rechten Seite).

Am fünften Tage nimmt das aborale Deckstück (b_1) an Grösse bedeutend zu und überwölbt kappenförmig den proximalen Theil des Larvenkörpers.

An der Basis des Polypiten, und zwar an seiner Bauchseite, nächst der Centralhöhle, tritt eine neue Knospe hervor, welcher bald rechts und links eine andere kleinere Knospe folgt. Bei einigen Larven erschienen diese drei Knospen gleichzeitig. Die in der Mittelebene gelegene ventrale Knospe, welche bald die beiden anderen an Grösse bedeutend übertrifft, ist die Anlage des zweiten oder ventralen Deckstückes (b_2); aus der rechten Knospe bildet sich der Taster (t), aus der linken der Fangfaden (f).

Am sechsten Tage nehmen die drei Knospen, vorzüglich die mittlere (b_2), an Grösse bedeutend zu, ebenso das aborale Deckstück, dessen Nährcanal ($b\ c_1$) sich nach der Bauchseite hin verlängert (Taf. XIV, Fig. 97, von der Rückenseite, Fig. 98, von der rechten Seite). Das wichtigste Ereigniss dieses Tages ist aber die Abschnürung des Luftsackes (ac) von der Primitivhöhle oder Centralhöhle ($c\ c$). Der Luftsack ist nun eine ganz geschlossene, mit Flüssigkeit erfüllte Höhle ($a\ c$), deren vom Entoderm gebildete Wand (a) rings von den Zellen des Nahrungsdotters (d) umgeben ist und nur an einer Stelle an der Rückenseite der Centralhöhle ($c\ c$) adhärirt. Der Polypit nimmt gewöhnlich schon am sechsten Tage seine characteristische gelbe Farbe an.

Am siebenten Tage beginnt bei den Larven von *Athorybia* die Luftabsonderung im Luftsacke. Auch hier entsteht eine Luftblase ($u\ v$) im proximalen Theile der Luftsackhöhle, während der distale Theil mit Flüssigkeit erfüllt bleibt. Die aus der Primitivhöhle hervor gesprossten Knospen haben am siebenten Tage schon eine bedeutende Ausdehnung erreicht (Fig. 99, von der dorsalen Seite, Fig. 100, von der rechten Seite). Die Knospe des Fangfadens (f) hängt auf der linken Seite des ellipsoiden Larvenkörpers als ein dünner cylindrischer Wulst herab, während auf der rechten Seite die viel kleinere Knospe des Tasters (t) liegt. In der Mitte zwischen beiden, auf der Bauchseite des Dotters, jedoch etwas mehr nach rechts geneigt, liegt der gelbe Polypit (p). Dieser ist überdeckt von dem zweiten oder ventralen Deckstück (b_2), welches sich zwischen Polypit und aboralem Deckstück aus der Schirmhöhle des letzteren hervorschiebt. Der Umriss des ventralen Deckstücks erscheint rhombisch, sein Rand ausgeschweift gezähnelt, seine Mitte von einem longitudinal herablaufenden Nährcanal (bc_2) durchzogen. Neben seiner Basis treten zwei neue Knospen (g, g) hervor, vermuthlich die Anlagen von zwei lateralen Deckstücken.

Am Ende des siebenten Tages (Fig. 99, 100) bildet nunmehr die Larve von *Athorybia* (ebenso wie die von *Crystallodes*) einen kleinen Siphonophorenstock, welcher aus folgenden sieben individuellen Theilen zusammengesetzt ist: 1°, Dotter (d) nebst Luftsack (a); 2°, Polypit (p) nebst Fangfaden (f); 3°, Taster (t); 4°, 5°, zwei Deckstücken, und zwar aboralem (b_1) und ventralem (b_2); 6°, 7°, zwei Knospen (Deckstück-Anlagen?)

Die Metamorphose von *Athorybia* konnte ich leider nicht weiter verfolgen, da alle Larven in der Nacht vom siebenten zum achten Tage abstarben. Aller Wahrscheinlichkeit nach wird dieselbe einfach darin bestehen, dass das aborale Deckstück abgeworfen wird. Dann gewinnt der Luftsack Raum, um sich mit dem proximalen Dotterrest als Luftkammer über die übrigen Theile zu erheben. Ringsum werden neue Deckstücke an der Basis der Luftkammer hervorsprossen und in dem von ihnen umschlossenen Raume werden sich die übrigen Theile des reifen Stockes entwickeln, neue Polypiten nebst Fangfäden, neue Taster und zuletzt die beiderlei Geschlechtsstücke. In dem oralen Theile des Dotters wird sich wahrscheinlich auch hier eine Dotterhöhle bilden und der Rest des verbrauchten und ausgehöhlten Nahrungsdotters am oralen oder distalen Ende der Luftkammer die Grundlage des eigentlichen Stammes oder Coenosarcs bilden, welches bei *Athorybia* nicht weiter zur Entwickelung gelangt, sondern in dem ursprünglichen unentwickelten Larven-Zustande verharrt.

X. Reflexionen über die individuelle Entwickelungsgeschichte der Siphonophoren und über deren Bedeutung für ihre palaeontologische Entwickelungsgeschichte.

„Alle Erscheinungen, welche die individuelle Entwickelung der Organismen begleiten, erklären sich lediglich aus der palaeontologischen Entwickelung ihrer Vorfahren. Die gesammte Ontogenie (oder individuelle Entwickelungsgeschichte) der Organismen ist eine kurze Recapitulation ihrer Phylogenie (oder palaeontologischen Entwickelungsgeschichte)."

Mit diesen Worten hat Haeckel in seiner „allgemeinen Entwickelungsgeschichte der Organismen" die hohe Bedeutung und die innige Beziehung ausgedrückt, welche die Ontogenie, die biontische oder individuelle Entwickelungsgeschichte, für die Phylogenie, die phyletische oder palaeontologische Entwickelungsgeschichte besitzt. Die erstere ist eine kurze, gedrängte Wiederholung und Zusammenfassung der letzteren, bedingt und verursacht durch die physiologisch-mechanischen Gesetze der Vererbung (*hereditas*) und der Anpassung (*adaptatio*). (Haeckel, generelle Morphologie der Organismen, II, p. 124, 147, 306).

Wenn diese Anschauung, wie ich glaube, die richtige ist, so wird es gestattet sein, hier am Schlusse meiner Beobachtungsreihen die hauptsächlichen Resultate derselben kurz zusammenzufassen und deren Bedeutung für die palaeontologische Entwickelung der Siphonophoren-Gruppe zu erwägen.

Es wird dies um so mehr erlaubt sein, als wir über die historische Entwickelung dieser merkwürdigen Thiergruppe, über ihren muthmasslichen Stammbaum oder Genealogema niemals durch das empirisch-palaeontologische Material der Versteinerungen oder der fossilen Abdrücke werden aufgeklärt werden. Vielmehr sind wir hier, wie bei so vielen zarten und weichen Organismen, welche keine fossilen Reste hinterlassen konnten, wesentlich angewiesen auf genealogische Hypothesen, welche wir uns aus einer denkenden und kritischen Erkenntniss und Vergleichung der individuellen Entwickelungsgeschichte und der Anatomie bilden müssen. Aus diesem Grunde hat die individuelle Entwickelungsgeschichte oder Ontogenie bei den Siphonophoren ein erhöhtes Interesse.

Es liegen nunmehr Beobachtungs-Reihen über die frühesten Entwickelungs-Vorgänge (von der Eifurchung an) bei vier verschiedenen Siphonophoren-Gattungen vor, bei dem Genus *Diphyes* (von Gegenbaur, vergl. oben p. 8 f. f.) und bei den Genera *Physophora*, *Crystallodes* und *Athorybia* (in meiner vorliegenden Arbeit). Wenn wir die Entwickelung dieser vier Genera vergleichend betrachten, müssen wir zunächst erstaunen über die unerwartete und überraschende Verschiedenheit, welche sich grade in den ersten und wichtigsten Entwickelungs-Grundlagen kundgiebt. Wenn wir von dem Genus *Athorybia* absehen, welches ganz den gleichen Entwickelungsgang wie *Crystallodes* einschlägt, treten uns in den drei Genera *Crystallodes*, *Physophora* und *Diphyes* drei ganz verschiedene Modi der Entwickelung entgegen. So befremdend und den gewohnten Anschauungen von der gleichartigen Entwickelung verwandter Genera widersprechend auch diese Tatsache erscheinen mag, so verliert sie doch viel von ihrer räthselhaften Schroffheit, wenn wir erwägen, dass die verschiedenen Genera der kleinen Siphonophoren-Gruppe in ungewöhnlich hohem Grade von einander differiren, in höherem Grade, als in anderen Thierklassen die Familien einer Ordnung verschieden sind. Wenn dieselben durch zahlreiche Species vertreten wären, würde man aus den Genera besondere Familien oder gar Ordnungen bilden.

Fassen wir nun die Differenzen in der Entwickelung dieser vier Siphonophoren-Genera etwas näher ins Auge, so erkennen wir zunächst, dass *Physo-*

phora den drei anderen Gattungen isolirt gegenübertritt. Bei *Physophora* wandelt sich der gesammte Furchungsdotter (oder der Haufe von gleichartigen Bildungszellen, welcher aus der Eifurchung hervorgeht) in den Leib des primitiven Polypiten und seines Deckstückes um. Bei *Crystallodes*, *Athorybia* und *Diphyes* dagegen bildet sich von Anfang an ein sehr wichtiger Gegensatz zwischen Bildungsdotter und Nahrungsdotter, und aus ersterem allein geht der Larvenkörper hervor, während der letztere diesem einfach als Nahrungs-Material dient. Bei *Diphyes* spricht zwar Gegenbaur nicht von einem solchem Gegensatze. Indessen geht aus seiner ganzen Darstellung klar hervor, dass derselbe hier in gleicher Weise vorhanden ist. Der grosszellige sphaeroide Rest des Larvenleibes, welcher nicht zur Bildung der ersten Schwimmglocke verwendet wird, und von dem Gegenbaur vermuthet, dass er später zum grosszelligen Saftbehälter im vorderen Schwimmstück wird, ist offenbar unserem Nahrungsdotter bei *Crystallodes* und *Athorybia* ganz homolog.

Alle vier Genera stimmen überein in der totalen Art des Furchungsprocesses, und darin, dass der aus der Furchung hervorgehende Körper zunächst eine kugelige, auf der gesammten Oberfläche wimpernde Larve bildet, welche aus lauter gleichartigen, hyalinen, membranlosen und kernhaltigen Zellen zusammengesetzt ist. Bei allen vier Gattungen bildet sich ferner an einer Stelle der Oberfläche dieser Larve in gleicher Weise ein Fruchthof (*area germinativa*) indem durch fortgesetzte Zellentheilung an dieser Stelle eine mehrfache (stets dreifache?) Lage von kleinen, trüberen Zellen sich von den übrigen, grossen und klaren Zellen absetzt. Ferner entsteht bei allen vier Gattungen in gleicher Weise, durch Flüssigkeits-Ansammlung zwischen den beiden inneren (Entoderm-) Blättern des Fruchthofs, eine kleine Höhlung, die Primitivhöhle, deren Wand aus Ectoderm und Entoderm gebildet ist.

Schon das Schicksal dieser Primitivhöhle ist aber ganz verschieden. Bei *Diphyes* bricht dieselbe nach Gegenbaur's Darstellung späterhin nach aussen durch und wird zur Schwimmhöhle des ersten Schwimmstückes, welches sich hier vor allen anderen Organen aus dem Fruchthofe entwickelt. Bei *Physophora*, *Crystallodes* und *Athorybia* dagegen wird die Primitivhöhle die Grundlage und der Centralraum des coelenterischen Canalsystems, indem sie sich zunächst in eine distale, im Dotter eingesenkte, und eine proximale, frei vorragende Abtheilung scheidet. Erstere schnürt sich bald vollständig von der letzteren ab und wird dadurch zum Luftsack. Letztere dagegen wird zunächst zum Nährcanal des aboralen Deckstückes, welches sich vor allen anderen Individuen (oder Organen) aus dem Fruchthofe entwickelt. Aus diesem Canal sprossen dann später alle übrigen Canäle hervor. Bei *Diphyes* dagegen scheint sich unabhängig von der Primitivhöhle in einer Verlängerung des Fruchthofes eine zweite Höhle zu bilden, welche der Ausgangspunkt des coelenterischen Gefässsystems wird, und zwar zunächst der Nahrcanäle der Schwimmglocke.

Die rundliche Protuberanz oder die primitive Knospe, welche die Primitivhöhle umschliesst, und welche sich wie ein Keimhügel über die Ebene des Fruchthofes erhebt, wird zu dem ersten, individuell ausgebildeten Stücke des jungen Siphonoren-Stockes. Dieses erste Individuum ist bei *Diphyes* ein Schwimmstück, bei *Physophora*, *Crystallodes* und *Athorybia* ein provisorisches (bei der Metamorphose abfallendes) Deckstück. Est nachdem dieses Deckstück schon vom Fruchthofe sich deutlich abgeschnürt und individuell gesondert hat, entsteht der primitive Polypit, und zwar bei *Physophora* aus dem ganzen übrigen Rest des Larvenkörpers, (des Furchungsdotters), bei *Crystallodes* und *Athorybia* aus einer Knospe, welche zwischen Deckstück und Luftsack aus dem Dotter hervorwächst. Die Bauchseite des aboralen Polypiten-Endes oder der Polypitenbasis und ihre nächste Umgebung, namentlich auch der Dottertheil, welcher im Rücken der Polypitenbasis den Luftsack umschliesst, wird nun der Ausgangpunkt der weiteren Entwickelung, das Knospenfeld für die neu hervorsprossenden Knospen.

Der Luftsack entwickelt sich zwar bei allen drei von mir beobachteten Physophoriden-Gattungen in der gleichen Weise, indem der distale Theil der Primitivhöhle sich vollständig von dem proximalen Theile abschnürt. Jedoch zeigt sich insofern bald eine auffallende Verschiedenheit, als derselbe bei *Physophora* in den aboralen oder Basaltheil des Polypiten, bei *Crystallodes* und *Athorybia* dagegen in den aboralen Theil des Nahrungsdotters zu liegen kommt. Diese Verschiedenheit ist eben dadurch bedingt, dass der Polypit sich bei *Physophora* aus dem ganzen Dotter, bei den beiden anderen Gattungen aber ganz unabhängig von diesem bildet. Da nun aber der Luftsack offenbar seiner ersten Anlage und seinem ganzen Bau nach in allen Fällen ein und derselbe Körpertheil ist, so wird man zu der Annahme geführt: dass *der primitive Polypit von Physophora homolog ist dem Nahrungsdotter von Crystallodes und Athorybia*. Dann wäre der Larven-Polypit der letzteren beiden Genera nicht eigentlich der *primäre*, sondern bereits ein *secundärer* Polypit.

So paradox diese Homologie auch zunächst erscheinen mag, so ist sie mir dennoch in hohem Grade wahrscheinlich. Es spricht dafür nicht nur das wichtige Zeugniss des Luftsackes, sondern auch dasjenige des Stammes. Der Stamm oder das Coenosarc bildet sich bei *Physophora* unzweifelhaft aus dem primitiven Polypiten, bei *Crystallodes* und *Athorybia* dagegen (und wohl auch bei *Diphyes*) aus dem hohl gewordenen Reste des Nahrungsdotters, dessen proximales Ende zur Luftkammer wird. Dann würden wir also den Nahrungsdotter als den rudimentär gewordenen Primitiv-Polypiten zu betrachten haben, da der einfachere Fall von *Physophora* das ursprüngliche Verhältniss repräsentiren muss, und die Differenzirung des Nahrungs- und Bildungsdotters überhaupt jedenfalls ein späterer Vorgang sein muss, bedingt durch das Gesetz der abgekürzten Vererbung.

Wenn diese Auffassung richtig ist, so würden also die gemeinsamen Stammeltern unserer Siphonophoren-Genera in früherer Zeit folgenden einfachen individuellen Entwickelungsgang befolgt haben: Der aus der Furchung hervorgegangene Larvenkörper, welcher aus lauter gleichartigen Furchungszellen besteht, wandelt sich in toto in den primitiven Polypiten um, indem in seinem Inneren eine Höhle (Magenhöhle) entsteht, die später durch den Mund nach aussen durchbricht. Von dieser Höhle schnürt sich am aboralen Ende des Polypiten eine kleine Höhle ab, welche zum Luftsack wird. Zugleich wandelt sich dieses aborale Ende selbst, indem es sich kappenförmig vom Polypiten abhebt, zu seinem Deckstück (Medusenschirm) um. Die übrigen Theile entstehen als Knospen aus der Basis des primitiven Polypiten.

Im weiteren Verlaufe der historischen Entwickelung müsste dann der primitive Polypit von dieser ursprünglichen maassgebenden Bedeutung als Hauptperson allmählich herabgesunken sein, während die Nebenpersonen (Deckstück, secundärer Polypit, Taster etc.) entsprechend eine grössere Bedeutung erlangten. Bei *Crystallodes, Athorybia, Diphyes* etc. wäre diese Veränderung so weit gegangen, dass der primitive Polypit zuletzt, ganz rudimentär geworden, nur noch als Nahrungsdotter fungirte, während an seine Stelle als actives Ernährungs-Organ, als wirklich fressender Polyp, ein secundärer Polypit trat, der als Knospe aus dem ursprünglichen hervorgesprosst war. Für diese Deutung spricht offenbar das Schicksal der unveränderten Furchungszellen selbst, welche bei *Physophora* — gewissermassen als „innerer Nahrungsdotter" — im Inneren, in der Magenhöhle des primitiven Polypiten, ebenso als Nahrungsmaterial für den wachsenden Larvenleib verwandt werden, wie bei *Crystallodes* etc. in dem „äusseren Nahrungsdotter."

Ganz besonders aber scheinen mir für diese Deutung die merkwürdigen oben erwähnten Monstrositäten von *Crystallodes* zu sprechen (Rückschläge in die alte Stammform!), bei welchen der Nahrungsdotter selbst polypitenähnlich entwickelt ist (Taf. XII, Fig. 85; Taf. XIII, Fig. 91). Der distale Dottertheil bildet hier eine geräumige Höhle, deren Wände in ein gleiches Entoderm und Ectoderm, wie am Rüssel des Polypiten differenzirt sind, und an deren Spitze sich sogar eine Mundöffnung zu bilden scheint. Das eine dieser Monstra (Fig. 91), bei welchem der Dotter ganz den Entwickelungsgang wie bei *Physophora* zu nehmen schien (Vergl. Fig. 11, 13), war um so merkwürdiger, als der eigentliche Polypit (p) hier ganz rudimentär und zur Ernährung untauglich war. Alle diese Argumente scheinen zu beweisen, dass der primitive Polypit, welcher lange Zeit hindurch das einzige Ernährungs-Organ des jugendlichen Siphonophoren-Stockes darstellt, nur bei *Physophora* der eigentliche primäre Polypit, bei *Crystallodes* etc. dagegen ein secundärer Polypit ist.

Mit *Physophora* stimmt höchst wahrscheinlich auch *Physalia* überein, deren jüngste von mir beobachtete Jugendformen, von nur 4—5^{mm} Länge, ganz denjenigen glichen, welche Huxley beschrieben hat (Oceanic Hydrozoa, p. 23, 96, Pl. X, Fig. 1). Sie bestanden nur aus einem einzigen, ganz einfachen, birnförmigen Polypiten, dessen spitzes orales Rüsselende bereits eine Mundöffnung besass, während das aufgetriebene aborale Ende eine sehr grosse ellipsoide Luftblase umschloss, halb oder ein Drittel so lang, als der ganze Polypit. In der Mitte des letzteren sprosste (unterhalb der Luftblase) ein kleiner einfacher Fangfaden hervor. Die Luftblase war in einen gleichen, vom Entoderm gebildeten Luftsack eingeschlossen, wie bei *Physophora*. In allen Fällen scheint demnach der Stamm, das Coenosarc des Siphonophoren-Stockes, aus dem ursprünglichen primitiven Polypiten zu entstehen, gleich viel ob derselbe auch jetzt noch als primärer Polypit auftritt, oder nur als Nahrungsdotter. Ferner ist in allen Fällen der Luftsack kein besonderer individueller Theil (hydroides Individuum), sondern ein Organ, welches sich im aboralen Polypiten- oder Stamm-Ende ausbildet.

Wenn wir die beiden verschiedenen Entwickelungs-Arten, einerseits diejenige von *Physophora* (und wohl auch *Physalia*), andererseits diejenige von *Crystallodes*, *Athorybia* (und wohl auch *Diphyes*) hinsichtlich ihres genealogischen Werthes für die Erkenntniss der palaeontologischen Entwickelung der Siphonophoren vergleichend abschätzen, müssen wir jedenfalls den ersteren Modus, den wir kurz als „*Physophora-Larven-Typus*" bezeichnen können, als den älteren und ursprünglicheren Entwickelungsgang betrachten, während der zweite Modus, der entsprechend als „*Crystallodes-Larven-Typus*" zu bezeichnen wäre, jedenfalls einen erst später entstandenen und durch Anpassung mehr veränderten Entwickelungsgang repräsentirt. Wir müssen annehmen, dass auch bei den uralten Ahnen der *Crystallodes* etc. ursprünglich, wie bei der *Physophora* etc., der ganze Larvenkörper sich in den primitiven Polypiten (mit oder ohne Deckstück) umbildete, und dass erst später dieser echte primäre Polypit zum blossen Nahrungsdotter herabsank, nachdem ein anderer, secundär als Knospe entstandener, nur scheinbar primitiver Polypit seine Function übernommen hatte. Damit scheint auch in Zusammenhang zu stehen, dass der *Fangfaden* des echten primären Polypiten bei *Physophora* total von den Fangfäden der später entstehenden (secundären) Polypiten verschieden ist, während der Fangfaden des pseudo-primären Polypiten von *Crystallodes* einfach einen jugendlichen Entwickelungs-Zustand der späteren (an den secundären Polypiten befestigten) Fangfäden darstellt. Die vergleichende Anatomie der Fangfäden, welche zu den schwierigsten und verwickeltsten Theilen der Siphonophoren-Morphologie gehört, dürfte aus dieser Auffassung, wenn sie richtig ist, vielleicht wesentlichen Vortheil ziehen. Es wird zu unterscheiden sein zwischen jugendlichen Fangfäden der Siphonophoren, deren Form-Unterschied von denen der erwachsenen Thiere bloss auf der ontogenetischen, und solchen, deren Unterschied auf der phylogenetischen Alters-Differenz beruht; d. h. es werden diejenigen primitiven Larven-Fangfäden, welche von einer früheren Stammform her vererbt sind, (wie der erste Fangfaden der *Physophora*-Larve) einen viel höheren Werth für die Genealogie der Siphonophoren besitzen, als diejenigen Fangfäden, welche von einer viel jüngeren Ahnenreihe ererbt sind (wie der erste Fangfaden der *Crystallodes*-Larve).

Von besonderem Werthe für die Phylogenie oder die palaeontologische Entwickelungs-Geschichte der Siphonophoren-Gruppe scheinen mir einige *rudimentäre Körpertheile* zu sein, welche ich an den von mir beobachteten Siphonophoren-Larven aufgefunden habe. Es scheint mir dahin vor Allen der oben (p. 24, 27) erwähnte *rudimentäre Schirmcanal* (*y*) zu gehören, welcher bei den *Physophora*-Larven von dem Nährcanal des Deckstücks ausgeht, die Gallertmasse des Schirms durchsetzt und in dessen Ectoderm mit einem Nesselknopf (*x*) endigt (Taf. I, Fig. 9—16; Taf. II, Fig. 17, 20, 22; Taf. V, Fig. 32, 33). Wie alle rudimentären oder cataplastischen, degenerirenden Organe, zeigt derselbe bei verschiedenen Exemplaren einen verschiedenen Entwickelungsgrad, fehlt nicht selten und besitzt offenbar gar keine physiologische, aber eine desto höhere morphologische Bedeutung. Wie bereits oben auseinandergesetzt wurde (p. 27), halte ich diesen rudimentären Schirmcanal für das *Homologon des Stielcanals* der craspedoten oder cryptocarpen Medusen, desjenigen Canales, welcher (bei *Hybocodon*, *Steenstrupia* und vielen anderen Medusen) vom Magengrunde ausgehend die Gallerte des Schirms durchsetzt und sich bei den eben hervorknospenden Medusen in den Stiel fortsetzt, welcher deren nutritiven Zusammenhang mit dem mütterlichen Hydroid-Polypen-Stock vermittelt. *Bei Physophora würde also dieser rudimentäre Schirmcanal, als ein höchst werthvolles, uraltes Adels-Diplom, auf die längst entschwundene Zeit hindeuten, in welcher die Ur-Ahnen dieser Siphonophore als einfache Medusen aus einem Hydroid-Polypen-Stocke hervorknospten.*

Als rudimentäre Organe anderer Art, aber von ähnlicher Bedeutung, glaube ich die *rudimentären Zellenknöpfe* (*r*) auffassen zu müssen, welche an den Deckstücken der Crystallodes-Larven auftreten, und welche ebenfalls sehr variabel, physiologisch werthlos, morphologisch aber desto wichtiger sind. (Taf. VII, Fig. 52, 53; Taf. VIII, Fig. 57; Taf. IX, Fig. 60, 64; Taf. XIII, Fig. 89, 90). Ich habe diese Zellenknöpfe (*r*) bereits oben beschrieben (p. 62) und daselbst ihre phylogenetische Bedeutung zu begründen versucht. Ich halte dieselben für die *Reste von radialen Medusen-Tentakeln* (Randfäden) und die rudimentären Canäle, durch welche dieselben mit dem Nährcanal des Deckstücks in Verbindung stehen (Fig. 52, 53, 54, 90) für die *Reste von Radialcanälen*. Bald sind deren nur 1 oder 2, bald 3—4 vorhanden. Für die *Deckstücke selbst* würden diese uralten Adels-Diplome vom Neuen den Beweis liefern, dass sie als herabgekommene, *rudimentäre Medusen-Schirme* (*umbrellae*) aufzufassen sind. Die hohe morphologische Bedeutung, welche nach Darwin den rudimentären oder cataplastischen Organen zukommt, wird hierdurch aufs Neue bestätigt.

Für die *generelle Morphologie der Siphonophoren* und insbesondere für ihre vergleichende Anatomie liefern unsere ontogenetischen Untersuchungen aufs Neue den Beweis, dass dieselben den festsitzenden Hydroiden-Stöcken (z. B. *Hydractinia*) homolog, dass sie *echte schwimmende Hydromedusen-Stöcke* sind. Zweifelsohne ist *jeder Siphonophoren-Stock eine physiologische Einheit*, ein *einziges Bion oder physiologisches Individuum*. Morphologisch betrachtet dagegen ist derselbe ein *echter Stock oder Cormus* (ein Form-Individuum sechster Ordnung, im Sinne Haeckel's), also eine Vielheit von mehreren, gesellig verbundenen und polymorphen, differenzirten Personen (Form-Individuen fünfter Ordnung).

Bekanntlich gehen die Ansichten der verschiedenen Autoren darüber, welchen Theilen des Siphonophoren-Stockes man den Rang von Personen oder Form-Individuen fünfter Ordnung zuerkennen solle, ziemlich weit aus einander. Ohne hier diese divergenten Ansichten, zwischen denen sehr schwer definitiv zu entscheiden ist, zu discutiren, will ich hier schliesslich nur mit ein paar Worten diejenige morphologische Deutung angeben, welche sich mir aus meinen ontogenetischen Untersuchungen als die am meisten wahrscheinliche herausgestellt hat. Ich unterscheide dabei zwischen den beiderlei Haupt-Modificationen des Hydromedusen-Körpers, zwischen *hydroiden* (polypoiden) und *medusoiden* (codonoiden) Individuen oder *Personen*.

Für *hydroide* (*polypoide*) *Personen des Siphonophoren-Cormus* halte ich: 1°, den *Stamm* oder das Coenosarc (*truncus*), welcher aus dem ursprünglichen (echten) primitiven Polypiten entsteht; 2°, die (pseudo-primären und secundären) *Magen-Polypen* oder Saugröhren (*polypites*) nebst zugehörigem Fangfaden (*filum captans*); 3°, die *Taster* oder Hydrocysten (*palpones*) nebst zugehörigem Tastfaden (*filum palpans*). Die mundlosen Taster halte ich für modificirte Polypiten und betrachte den Tastfaden ebenso als ein blosses Organ des Tasters, wie den Fangfaden (nebst seinen secundären Fangfäden) als ein blosses Organ des Polypiten. Den Ausdruck „Organ" gebrauche ich hier in Haeckel's rein morphologischem Sinne, für „Form-Individuum zweiter Ordnung." Ebenso ist der Luftsack, wie die Entwickelungsgeschichte deutlich lehrt, ein blosses Organ des primitiven oder Stamm-Polypiten, welcher bei *Physophora* etc. noch in seiner ursprünglichen Polypiten-Form, bei *Crystallodes* etc. als rudimentär gewordener Polypit, als „Nahrungs-Dotter" auftritt.

Für *medusoide* (*codonoide*) *Personen des Siphonophoren-Stockes* halte ich: 1°, die *Schwimmstücke* oder Schwimmglocken (*nectocalyces*), 2°, die *Deckstücke* oder *Hydrophyllia* (*bracteae*), 3°, die beiderlei *Geschlechtsstücke* oder Sexual-Medusen (*gonocalyces*) und zwar ebensowohl die *männlichen* (*androphora*) als die *weiblichen* Geschlechtsstücke (*gynophora*). Für die Deckstücke muss ich jedoch noch hinzufügen, dass dieselben wohl in einzelnen Fällen nur den morphologischen Werth eines Medusen-Organes (Form-Individuums zweiter Ordnung) haben, während dieselben gewöhnlich den Form-Werth einer Medusen-Person (Form-Individuums fünfter Ordnung) besitzen. So ist es mir z. B. sehr wahrscheinlich, dass das (einzige) Deckstück der *Physophora*-Larve nur als ein Medusen-Organ und die ganze Larve (wenigstens bis zum elften oder zwölften Tage) als ein einziges Medusen-Individuum (Person) aufzufassen ist, wie ich schon oben angedeutet habe (p. 27). Ebenso hat vielleicht auch das erste (aborale) Deckstück der Larve von *Crystallodes*, *Athorybia* etc. nur den Formwerth eines Organes, während die folgenden Deckstücke (ventrales, laterale etc.) als wirkliche medusoide Personen aufzufassen sind. Scharfe Grenzen werden wohl auch hier (wie überall in der Natur) nicht vorkommen, und die Extreme durch vermittelnde Uebergänge verbunden sein.

Wenn auch die vorliegenden Untersuchungen über die individuelle Entwickelungs-Geschichte der Siphonophoren leider nur auf die drei Genera *Physophora*, *Crystallodes* und *Athorybia* beschränkt waren, so glaube ich doch, dass dieselben für die phyletische Entwickelungs-Geschichte der ganzen Siphonophoren-Gruppe nicht ohne weitere Bedeutung sein, dass sie wenigstens ein neues Streiflicht in dieses ebenso interessante als unbekannte Gebiet werfen werden, und dass sie aufs Neue das Wort bestätigen werden, welches wir unserer Arbeit als Motto vorgesetzt haben: *"Alle Erscheinungen, welche die individuelle Entwickelung der Organismen begleiten, erklären sich lediglich aus der palaeontologischen Entwickelung ihrer Vorfahren."*

Erklärung der Tafeln.

NB. Die Bedeutung der Buchstaben ist in allen Figuren dieselbe.

a Pneumatosaccus. Luftsack.
  ac Cavum pneumatosacci. Höhle des Luftsackes.
b Bractea. Deckstück. Deckschuppe. *Hydrophyllium.*
  b_1 Erstes, aborales oder proximales Deckstück.
  b_2 Zweites, ventrales Deckstück.
  b_3 Rechtes laterales Deckstück.
  b_4 Linkes laterales Deckstück.
  b_5 Rechtes ventro-latorales Deckstück
  b_6 Linkes ventro-laterales Deckstück.
bc Canalis bractealis. Nährcanal des Deckstücks.
  bc_1 Nährcanal des aboralen Deckstücks.
  bc_2 Nährcanal des ventralen Deckstücks.
  bc_3 Nährcanal des rechten lateralen Deckstücks.
  bc_4 Nährcanal des linken lateralen Deckstücks.
  bc_5 Nährcanal des rechten ventro-lateralen Deckstücks.
  bc_6 Nährcanal des linken ventro-lateralen Deckstücks.
c Canalis Ernährungsgefäss. Coelenterischer Nährcanal.
  cc Cavum centrale. Centralhöhle.
d Lecithus. Furchungsdotter. Dotter. Vitellus.
  dc Cavum lecithi. Dotterhöhle.
e Ectoderma. Aeussere Bildungshaut.
f Filamentum. Fangfaden. *Filum captans.*
g Gemma. Knospe.
  gc Cavum gemmae. Knospenhöhle.
h Hepar. Leber. *Villi hepatici.* Leberzotten des Polypiten.
i Entoderma. Innere Bildungshaut.
k Cnidium. Nesselknopf. *Sacculus.*
  kf Filum cnidii. Endfaden des Nesselknopfs.

l Pneumatophorus. Luftkammer.
m Androphorus. Hoden. Männliche Sexual-Meduse.
n Nectocalyx. Schwimmstück. Schwimmglocke. Locomotive.
o Os. Mund (des Polypiten).
p Polypites. Polypit. Saugröhre. Magen-Polyp.
　pc Cavum polypitis. Höhle des Polypiten.
q Gelatina umbrellae. Schirmgallert.
r Rudimentum tentaculi. Rudimentärer Tentakelknopf.
s Truncus. Stamm. Coenosarc.
　sc Cavum cornosarci. Stammhöhle.
t Palpo. Taster. *Hydrocystis.*
　tc Cavum palponis. Tasterhöhle.
　tf Filum palponis. Tastfaden. *Filum palpans.*
u Pneumatocystis. Luftflasche.
　uv Vesicula hydrostatica. Luftblase im Luftsack.
v Punctum vegetationis. Vegetations-Punkt der Knospen.
w Gynophorum. Eierstock. Weibliche Sexual-Meduse.
x Rudimentum pedunculi. Rudimentärer Nesselknopf am Ende des Stielcanals *y.*
y Rudimentum canalis. Rudimentärer Stielcanal oder Schirmcanal zur Oberfläche des Deckstücks.
z Cavum primitivum. Primitivhöhle.

Taf. 1.

PHYSOPHORA.

Larve vom ersten bis zwölften Tage.

Fig. 1. Ein reifes befruchtetes Ei. In dem grossen Keimbläschen ist der Keimfleck und in diesem der Keimpunkt sichtbar.

Fig. 2. Beginn der Furchung. Die Eizelle hat sich in zwei Zellen getheilt, nach vorhergegangener Theilung des Keimbläschens.

Fig. 3. Larve nach vollendeter Furchung. Der aus der Furchung hervorgegangene kugelige Larvenleib besteht aus grossen wasserklaren polyedrischen Zellen.

Fig. 4. Larve vom dritten Tage. Die oberflächliche Zellenschicht des kugeligen Larvenleibes hat sich mit Flimmern bedeckt und als Ectoderm vom der darunter gelegenen differenzirt.

Fig. 5. Larve vom fünften Tage. Die kugelige Form ist ellipsoid geworden und an dem oberen (proximalen) Pole der Längsaxe hat sich der Fruchthof, aus drei Blättern (Schichten von kleineren und dunkleren Zellen) bestehend, gebildet.

Fig. 6. Larve vom sechsten Tage. In dem Fruchthofe am proximalen Ende der Larve hat sich die Primitivhöhle (z) zwischen den beiden Blättern des gespaltenen Entoderms (i) gebildet.

Fig. 7. Larve vom siebenten Tage. Zwischen dem Ectoderm (e) und dem Entoderm (i), welche das Dach der Primitivhöhle (z) bildeten, ist Gallertmasse (g) ausgeschieden.

Fig. 8. Larve vom achten Tage. Die Primitivhöhle sondert sich in eine proximale Höhle, bc (Nährcanal des Deckstücks) und in eine distale Höhle, ac (Höhlung des Luftsackes, a).

Fig. 9. Larve vom neunten Tage. Der Larvenkörper differenzirt sich durch Abschnürung des proximalen Deckstücks (b) von dem distalen Polypiten (p), dessen Magenhöhle (pc) sich oben zwischen Entoderm (i) und Dotter (d) zu entwickeln beginnt.

Fig. 10. Proximaler Theil einer Larve vom neunten Tage. Der Nährcanal (bc) des Deckstücks setzt sich unmittelbar in die Anlage der Magenhöhle (pc) und in die Höhlung des Luftsackes (ac) fort.

Fig. 11. Larve vom zehnten Tage, halb von der rechten, halb von der dorsalen Seite gesehen. Die Höhlung des Luftsackes (ac) hat sich von dem Nährcanal des Deckstücks (bc) abgeschnürt. Am oralen Ende des Polypiten bildet sich die Rüsselhöhle (pc_1).

Fig. 12. Deckstück einer Larve vom zehnten Tage, von der Rückenseite gesehen, (y) der rudimentäre Schirmcanal, der im Ectoderm mit einem Nesselknopf (x) endet.

Fig. 13. Larve vom elften Tage, von der rechten Seite (und etwas vom Rücken) gesehen. In dem Luftsack (a) ist die erste Luftblase sichtbar.

Fig. 14. Proximaler Theil einer Larve vom elften Tage, von der Bauchseite gesehen. In der Luftsackhöhle (ac) die Luftblase (uv).

Fig. 15. Larve vom zwölften Tage, halb von der rechten, halb von der dorsalen Seite gesehen. Der Dotter (d) hängt frei vom Luftsack (a) in die Magenhöhle (pc) herab; an der Bauchseite des proximalen Polypiten-Endes erscheinen zwei Knospen (g).

Fig. 16. Deckstück einer Larve vom zwölften Tage; von der Rückenseite gesehen.

Taf. II.

PHYSOPHORA.

Larve vom dreizehnten bis fünfundzwanzigsten Tage.

Fig. 17. Larve vom dreizehnten Tage, von der rechten Seite gesehen. Man sieht den rudimentären Schirmcanal (*y*), der mit einem Nesselknopf (*x*) im Ectoderm endigt.

Fig 18. Larve vom vierzehnten Tage, von der Rückenseite gesehen. Die grossen hellen Zellen der inneren Magenwand sind sichtbar.

Fig. 19. Larve vom fünfzehnten Tage, von der Rückenseite gesehen.

Fig. 20. Larve vom sechzehnten Tage, von der rechten Seite gesehen. Der Fangfaden (*f*) ist schon ziemlich entwickelt.

Fig. 21. Larve vom einundzwanzigsten Tage, von der Bauchseite gesehen. Zwischen dem Fangfaden (*f*) und dem Taster (*t*) bilden sich auf der Bauchseite neue Knospen (*g*).

Fig. 22. Larve vom dreiundzwanzigsten Tage, von der rechten Seite gesehen. Während der Fangfaden (*f*) auf der Bauchseite bleibt, ist der Taster (*t*) auf die Rückenseite herumgeschoben.

Fig. 23. Larve vom fünfundzwanzigsten Tage, halb von der rechten, halb von der dorsalen Seite gesehen. Polypit (*p*), Fangfaden (*f*), Taster (*t*) und Deckstück (*b*) sind vollständig entwickelt.

Taf. III.

PHYSOPHORA.

Junges und reifes Thier van *Physophora magnifica*.

Fig. 24. Junge *Physophora magnifica*, vom achtundzwanzigsten Tage, von der linken Seite. Das provisorische Deckstück der Larve ist abgeworfen. Der junge Siphonophoren-Stock besteht aus dem Polypiten (*p*), welcher den Stamm der Colonie bildet und dessen proximales Ende der Luftsack (*o*) umschliesst, aus dem zugehörigen Fangfaden (*f*), aus drei Tastern (t_1-t_3) nebst zugehörigen Tastfäden (tf), und aus der Knospengruppe der Schwimmglocken (n).

Fig. 25. Etwas ältere *Physophora magnifica*, schwimmend im Meere gefischt, von der linken Seite. Der junge Siphonophoren-Stock besteht aus dem Polypiten (p), welcher den Stamm der ganzen Colonie bildet und dessen proximales Ende sich schon deutlich als Luftkammer absetzt, aus dem zugehörigen Fangfaden (f), aus vier Tastern (t_1-t_4) nebst zugehörigen Tastfäden (tf) und aus der einzeiligen Reihe der Schwimmglocken (n).

Fig. 26. Vollständig entwickeltes und geschlechtsreifes Thier von *Physophora magnifica*, in natürlicher Grösse. Das Thier lässt so eben durch den *ductus pneumaticus* an der Basis der Luftkammer drei Luftblasen entweichen, um sich in die Tiefe zu senken, wobei es den Kranz der rosenroth und goldgelb gefärbten Taster kronenartig zusammen schliesst. Zwischen den deckstückähnlichen Tastern schauen drei Polypiten und Theile der Genitaltrauben hervor. Von der Basis jedes Tasters geht ein einfacher Tastfaden ab, von der Basis jedes Polypiten ein sehr langer Fangfaden, welcher mit sehr zahlreichen secundären Fangfäden besetzt ist. Jeder der letzteren trägt am Ende einen sehr grossen, zum Theil roth gefärbten Nesselknopf. Die zweizeilige Reihe der Schwimmglocken ist von der Dorsalseite gesehen. Der rothe Stamm schimmert zwischen ihnen hindurch. Der Kranz der Tastfäden bewegt sich oberhalb des Busches der Fangfäden.

Taf. IV.

PHYSOPHORA.

Nesselknöpfe der Larve und des entwickelten Thieres.

Fig. 27. Der (einzige) Fangfaden der Larve von *Physophora magnifica* (vom fünfundzwanzigsten Tage). Die secundären Fangfäden desselben tragen sehr eigenthümliche polsterförmige Nesselknöpfe, welche 1—10 grosse ellipsoide Nesselkapseln einschliessen, und von deren Oberfläche zweierlei Fortsätze ausgeben: fingerförmige, in der stumpfen Spitze einen orangerothen Fleck enthaltende Fortsätze, und sehr zarte starre Borsten.

Fig. 28. Secundärer Fangfaden nebst Nesselknopf von einer erwachsenen *Physophora magnifica* (Fig. 26). *A* Ein Stück des primären Fangfadens. *B* Die dünne proximale Hälfte des secundären Fangfadens. *C* Die aufgeblasene distale Hälfte desselben, an welcher sehr deutlich zwischen Entoderm und Ectoderm die starke Lage der Ringmuskeln vortritt. An dem Nesselknopf selbst ist die charakteristische Pigmentirung der Species zu bemerken. Die distale Spitze ist dunkel roth pigmentirt, und an dem proximalen Theile des Nesselknopfs befindet sich auf beiden Seiten (rechts und links) ein dunkelroth gefärbter Augenflock. Die Bedeutung der Buchstaben ist dieselbe, wie in Fig. 29.

Fig. 29. Nesselknopf einer erwachsenen *Physophora magnifica*. C Distaler Theil des secundären Fangfadens. D Aeusserste Hülle des Nesselknopfes. E Aeusserer Hohlraum (zwischen äusserster Hülle und grosszelliger Hülle). F Grosszellige Hülle, aus sehr grossen, hyalinen, polyedrischen Zellen (sehr ähnlich denen des Dotters) zusammengesetzt; diese Zellen bilden keine einfache epithelartige Lage, sondern eine solide Masse, welche den ganzen Raum zwischen E und G ausfüllt. G Dicke hyaline knorpelähnliche Hülle. H Centraler Hohlraum, welcher den Nesselstrang umschliesst. I Solider Strang (obliterirter Canal?), welcher vom distalen Ende des centralen Hohlraums zum proximalen Ende des Nesselstranges läuft. K Nesselstrang, in vier Spiralwindungen zusammengelegt. L Starke elastische Bänder, an der Innenfläche des Nesselstranges verlaufend. M Proximales Ende des Nesselstranges, mit zwei Reihen sehr grosser Nesselkapseln. N Distales Ende des Nesselstranges, wo derselbe aus dem Nesselknopfe hervortritt.

Taf. V.

PHYSOPHORA.

Varietäten und Monstrositäten der Larven.

Fig. 30. Monströse *Physophora*-Larve vom zweiundzwanzigsten Tage, von der Rückenseite; Deckstück (*b*) rudimentär; Polypit nebst Fangfaden gut entwickelt; Luftsack (*a*) hypertrophisch, mit einer übermässig grossen Luftblase erfüllt und zum halben Umfang des Polypiten-Leibes ausgedehnt.

Fig. 31. Monströse *Physophora*-Larve vom vierundzwanzigsten Tage, von der Rückenseite. Deckstück (*b*) kuppelförmig degenerirt, mit atrophischem Ventraltheil und mit hypertrophischem Nährcanal. Polypit nebst Fangfaden gut entwickelt, ebenso der Taster (*t*). Luftsack (*a*) hypertrophisch, durch eine colossale Luftblase (*u*) übermässig ausgedehnt. Am Oralpol des Luftsacks noch ein Rest des Nahrungsdotters (*d*).

Fig. 32. Monströse *Physophora*-Larve vom fünfzehnten Tage, von der linken Seite. Deckstück (*b*) kahnförmig degenerirt, fast zweiklappig; Nährcanal desselben abnorm erweitert und in vier Schenkel (Radialcanäle der rudimentären Meduse?) gespalten. Luftsack (a) atrophisch, nicht von der Primitivhöhle abgeschnürt und in offener Communication mit dem Gastrovascular-Apparat. In der Flüssigkeit des Luftsacks eine zusammengefaltete Luftflasche (u). Der Polypit enthält noch einen beträchtlichen Dotterrest (d).

Fig. 33. Monströse *Physophora*-Larve vom zwanzigsten Tage. Deckstück (b) schlank glockenförmig, hypertrophisch, mit zwei Nährcanälen. Polypit (p) ganz in der Schirmhöhle des Deckstücks verborgen. Ganzer Larvenkörper sehr medusen-ähnlich.

Fig. 34. Monströse *Physophora*-Larve vom einundzwanzigsten Tage. Deckstück (b) hypertrophisch, zweiklappig, mit dorsalem und ventralem Medianschlitz und mit zwei Nährcanälen. Luftsack (a) abgeschnürt, aber ohne Luftentwickelung. In der Flüssigkeit der Luftsackhöhle eine zusammengefaltete Luftflasche (u). Polypit (p) nebst Fangfaden (f) und Taster (t) in der Schirmhöhle des Deckstücks verborgen.

Taf. VI.

CRYSTALLODES.

Larve vom ersten bis sechsten Tage.

Fig. 35. Ein reifes befruchtetes Ei. In dem grossen Keimbläschen ist der Keimfleck und in diesem der Keimpunkt sichtbar.

Fig. 36. Larve vom zweiten Tage, nach vollendeter Furchung. Die wasserklaren polyedrischen Zellen, welche aus der Furchung hervorgegangen sind, vollführen amoeboide Bewegungen.

Fig. 37. Larve vom Anfang des dritten Tages. Der kugelige Larvenleib hat sich mit Flimmern überzogen, und an einer Stelle der Oberfläche (an dem Fruchthofe) hat sich eine dreifache Zellenschicht gebildet. Zwischen den beiden inneren Blättern (Lamellen des Entoderms) hat sich durch Flüssigkeitsansammlung die Primitivhöhle (z) gebildet.

Fig. 38. Larve vom Ende des dritten Tages. Die Primitivhöhle sondert sich in eine distale Luftsackhöhle (ac) und in eine proximale Deckstückhöhle (bc). Zwischen Ectoderm (e) und Entoderm (i) ist die Gallertmasse des aboralen Deckstücks ausgeschieden (g).

Fig. 39. Larve vom Anfang des vierten Tages, von der dorsalen Seite gesehen. Das aborale Deckstück (b) hebt sich kappenförmig vom Dotter (d) ab. Aus dem Rest der Primitivhöhle, zwischen Höhlung des Deckstücks (*bc*) und des Luftsacks (*ac*), sprosst der Polypit als Blindsack (*pc*) hervor, welcher vom Entoderm (*i*) und Ectoderm (*e*) überzogen ist.

Fig. 40. Larve vom Ende des vierten Tages, von der rechten Seite. Die Ernährungsässe des Deckstücks (*bc*), des Polypiten (*pc*) und des Luftsacks (*ac*) münden zusammen in die Centralhöhle (*cc*).

Fig. 41. Larve vom fünften Tage, von der rechten Seite. Aus der ventralen Seite der Polypiten-Basis, zwischer dieser und dem Deckstück, sprosst eine neue Knospe (*g*) hervor.

Fig. 42. Larve vom fünften Tage, von der Rückenseite gesehen. Der Luftsack (*a*) liegt links, die Knospe (*g*) rechts vom Polypiten (*p*).

Fig. 43. Larve vom sechsten Tage, von der rechten Seite. Der Luftsack (*a*) hat sich vollständig von der Primitivhöhle abgeschnürt. Aus der Polypitenbasis kommt eine zweite Knospe neben der ersten hervor.

Taf. VII.
CRYSTALLODES.

Larve vom siebenten bis zwölften Tage.

Fig. 44. Larve vom siebenten Tage, von der rechten Seite. Das zweite oder ventrale Deckstück (b_2) beginnt an der ventralen Seite vorzusprossen. Im Luftsack (*a*) ist die erste Luftblase entwickelt.

Fig. 45. Larve vom siebenten Tage, von der aboralen oder proximalen Seite (von oben) gesehen. Polypit (*p*) und Taster (*t*) liegen mehr auf der rechten, der Fangfaden (*f*) mehr auf der linken Seite.

Fig. 46. Larve vom siebenten Tage, von der Rückenseite und etwas von der rechten Seite. Das ventrale Deckstück (b_2) schimmert durch den Dotter durch.

Fig. 47. Larve vom achten Tage, von der rechten Seite. Das zweite Deckstück (b_2) ist vollständig entwickelt.

Fig. 48. Larve vom achten Tage, von der Rückenseite. Links sprosst der zweite Taster (t_2) hervor.

Fig. 49. Larve vom zehnten Tage, von der rechten Seite. Die beiden lateralen Deckstücke, das rechte (b_2) und das linke (b_4) sind entwickelt. Der Fangfaden (f) hat den ersten Nesselknopf gebildet.

Fig. 50. Aborales (erstes) Deckstück einer Larve vom zwölften Tage (Fig. 54) von der rechten Seite.

Fig. 51. Ventrales (zweites) Deckstück derselben Larve vom zwölften Tage, von der rechten Seite.

Fig. 52. Rechtes (drittes) Deckstück derselben Larve vom zwölften Tage, von der rechten Seite, mit zwei rudimentären Tentakelknöpfen (r).

Fig. 53. Linkes (viertes) Deckstück derselben Larve vom zwölften Tage, von der rechten Seite, ebenfalls mit zwei Tentakel-Rudimenten (r).

Fig. 54. Dieselbe Larve vom zwölften Tage, von welcher die vier Deckstücke in Fig. 50—53 isolirt dargestellt sind. Die Dotterhöhle (dc) hat sich gebildet.

Taf. VIII.

CRYSTALLODES.

Larve vom fünfzehnten, achtzehnten und einundzwanzigsten Tage.

Fig. 55. Larve vom fünfzehnten Tage, von der Rückenseite gesehen. Die Larve besteht aus vier Deckstücken (b_1—b_4), dem Polypiten (p) nebst Fangfaden (f), zwei Tastern ($t_1 t_2$) und dem Dotter (d) nebst Luftsack (a). Der Fangfaden hat drei Nesselknöpfe.

Fig. 56. Larve vom achtzehnten Tage, von der Bauchseite gesehen, aus denselben Theilen bestehend. Der Fangfaden (f) hat sechs Nesselknöpfe.

Fig. 57. Larve vom einundzwangigsten Tage, von der Rückenseite gesehen, aus denselben Theilen bestehend. Ausserdem sind noch die Knospen der beiden ventro-lateralen Deckstücke (b_1, b_2) und der Schwimmglocken (u) an der Bauchseite des Luftsackes (a) sichtbar. Der Fangfaden (f) hat vierzehn Nesselknöpfe.

Taf. IX.

CRYSTALLODES.

Larven und Larventheile.

Fig. 58. Körper einer Larve vom zwanzigsten Tage, nach Entfernung der vier umschliessenden Deckstücke, von der rechten Seite (und zugleich etwas vom Rücken) gesehen. Der Fangfaden (f) ist abgerissen. Neben der Luftkammer sind die beiden Taster (t_1, t_2) und die Anlagen der beiden ventrolateralen Deckstücke (b_1 b_2) sichtbar.

Fig. 59. Körper einer Larve vom zweiundzwanzigsten Tage, nach Entfernung der vier umschliessenden Deckstücke, von der aboralen Seite (von oben) gesehen. Die Querschnitts-Ansichten des Polypiten (p) und der beiden Taster (t_1, t_2) erscheinen fast kreisrund. An der Bauchseite der Luftkammer ist die Knospengruppe (g) der Schwimmstücke sichtbar.

Fig. 60. Larve vom siebenundzwanzigsten Tage, von der linken Seite gesehen. (Aelteste beobachtete Larve). Der Larvenkörper besteht aus der Luftkammer (l), unterhalb deren an der Bauchseite die Reihe der Schwimmglocken (u) hervorsprosst, aus dem Dotterreste (d), dem primitiven Polypiten (p) nebst Fangfaden (f), den beiden Tastern (t_1, t_2) und vier entwickelten keilförmigen Deckstücken (den beiden lateralen und den beiden ventrolateralen). Das aborale und ventrale Deckstück sind abgefallen, jedoch zwei neue Deckstück-Knospen sichtbar.

Fig. 61. Luftsack (a) einer Larve vom zwanzigsten Tage, ohne Luft-Entwickelung. In der mit Flüssigkeit gefüllten Höhle (ac) des Luftsackes liegt die zusammengefaltete Luftflasche (v).

Fig. 62. Luftsack (a) einer Larve vom sechzehnten Tage. Die Luftflasche, welche in ihrem oberen, proximalen Theile die Luftblase (ve) enthält, zeigt in ihrem unteren, distalen Theile sehr deutlich eine Oeffnung, welche in die mit Flüssigkeit gefüllte Luftsackhöhle (ac) mündet.

Fig. 63. Die zusammengefaltete Luftflasche einer Larve isolirt, ähnlich der collabirten Tafletwand eines Luftballons.

Fig. 64. Knospe eines ventrolateralen Deckstückes (b_s) einer Larve vom achtzehnten Tage. Der Nährcanal (b_s) sendet zwei verödete Ausläufer zu zwei rudimentären Tentacularknöpfen (r).

Taf. X.

CRYSTALLODES.

Vollständig entwickeltes Thier (grösstes Exemplar) von *Crystallodes rigidum*, und Theile desselben.

Fig. 65. *Crystallodes rigidum*, in doppelter natürlicher Grösse, von der Rückenseite gesehen. Die Schwimmstücksäule (die obere, proximale Stammhälfte) zeigt die sechs dorsalen Schwimmglocken, in deren Mitte die kreisrunde Mündung ihres Schwimmsackes, sichtbar ist. Die (an der Spitze roth gefärbte) Luftkammer ist eingezogen und verdeckt die obersten (ventralen) Schwimmglocken-Knospen. An der Deckstücksäule (der unteren, distalen Stammhälfte) sind die neun Individuen-Gruppen nur wenig sichtbar, da sie auf der von dem Beobachter abgewendeten Stammseite sitzen. Die rothen Punkte sind die Nesselknöpfe. Die neun Fangfäden hängen ziemlich ruhig herab.

Fig. 66. *Crystallodes rigidum*, in doppelter natürlicher Grösse, von der rechten Seite gesehen. Die Schwimmstücksäule ist in ihrer ganzen Breite sichtbar und zeigt sowohl die dorsale, als die ventrale Schwimmglockenreihe. Die Luftkammer ist über die Schwimmstücksäule vorgestreckt und ihr Luftsack enthält zwei Luftblasen über einander. An der Deckstücksäule sitzen die neun Individuen-Gruppen in einer (ventralen) Reihe hinter einander. Jede Gruppe zeigt einen Polypiten nebst Fangfaden und zwei Taster, sowie die beiderlei Geschlechts-Glocken.

Fig. 67. Zwei vollkommen ausgebildete Schwimmstücke von *Crystallodes rigidum*, ein ventrales und ein dorsales. Beide zeigen an der aboralen Seite einen tiefen Auschnitt und schieben sich mit den beiden keilförmig zugeschärften Flügeln, welche diesen Ausschnitt beiderseits zwischen sich nehmen, dergestalt über einander, dass beide Ausschnitte zusammen ein Loch bilden, durch welches der Canal des Stammes hindurchtritt. Von letzterem tritt ein Nährcanal an jedes Schwimmstück, welcher in der Tiefe des Ausschnitts die Gallertmasse durchbohrt und im Grunde des Schwimmsackes (oder der Schwimmhöhle) sich in vier Canäle (Radialcanäle) spaltet. Während der dorsale und ventrale Canal grade zur Mündung der Schwimmstücke verlaufen, bilden der rechte und linke Canal jederseits eine doppelte Schlinge. Alle vier Canäle vereinigen sich durch ein Ringgefäss an der Schwimmsackmündung.

Fig. 68. Ein keilförmiges Deckstück mit Nährcanal und mit vier Ausschnitten an der verdickten peripherischen Fläche.

Fig. 69. Ein keilförmiges Deckstück mit Nährcanal und mit vier Ausschnitten an der vordickten peripherischen Fläche.

Fig. 70. Ein prismatisches Deckstück ohne Nährcanal, mit sechs Flächen.

Fig. 71. Ein prismatisches Deckstück ohne Nährcanal, mit acht Flächen.

Fig. 72. Ein ausgebildeter Nesselknopf von *Crystallodes rigidum*. Der mit purpurrothen Pigmentflecken übersäete Nesselstrang ist von einem glockenförmigen Mantel (Involucrum) umhüllt, und macht innerhalb desselben drei Spiralwindungen. Zwischen den beiden Endfäden ein mit Flüssigkeit gefüllter Sack.

Taf. XI.
CRYSTALLODES.

Larven von *Crystallodes*, durch künstliche Theilung vermehrt.

Fig. 73 und Fig. 74. Die beiden Hälften einer durch einen Schnitt halbirten *Crystallodes*-Larve vom zweiten Tage, unmittelbar nach der Theilung. Die concave Seite der gekrümmten Larvenhälften entspricht der Schnittfläche.

Fig. 75 und 76. Dieselben Larvenhälften, nach einigen Stunden, kugelig zusammengezogen. Fig. 75 ist die kleinere, in Fig. 73 dargestellte Hälfte. Fig. 76 ist die grössere, der Fig. 74 entsprechende Hälfte. Die polyedrischen hyalinen Zellen zeigen an der Oberfläche der kugeligen Larvenhälften dieselben amoeboiden Bewegungen, wie an unverletzten Larven (Fig. 36, Taf. VI).

Fig. 77, 78, 79. Drei Theilstücke, welche durch künstliche Dreitheilung einer Larve vom zweiten Tage entstanden sind, am achten Tage nach der Theilung. Das kleinste Theilstück (Fig. 77) hat bloss einen Luftsack entwickelt. Das mittlere Theilstück (Fig. 78) hat einen Luftsack, zwei Dotterhöhlen und zwei Knospen entwickelt. Das grösste Theilstück (Fig. 79) hat eine ziemlich normal gebildete Larve mit Luftsack (a), Polypiten (p), mehreren Knospen (g) und zwei Deckstücken (dem aboralen, b_1, und dem ventralen, b_2) entwickelt.

Fig. 80, 81, 82, 83. Vier Theilstücke, welche durch künstliche Viertheilung einer Larve vom zweiten Tage entstanden sind, am achten Tage nach der Theilung. Das erste (kleinste) Theilstück (Fig. 80) bildet eine wimpernde, aus gleichartigen Zellen zusammengesetzte Kugel, die nur an einer Stelle eine Art Fruchthof zeigt. Das zweite Theilstück (Fig. 81) hat einen Luftsack (a) mit Luftblase (uv) und eine Dotterhöhle (dc) entwickelt. Das dritte Theilstück (Fig. 82) zeigt ausser einer Dotterhöhle einen unvollständigen Luftsack (a), dessen Höhle eine Luftflasche (u), aber keine Luftblase enthält. Das vierte (grösste) Theilstück (Fig. 83) hat eine ziemlich normal gebildete Larve entwickelt, mit einem (aboralen) Deckstück (b_1), einem Luftsack (a) nebst Luftblase, einem Taster (t) und einem Polypiten (p).

Taf. XII.

CRYSTALLODES.

Varietäten und Monstrositäten von *Crystallodes*-Larven.

Fig. 84. Monströse Larve vom achten Tage, von der rechten Seite gesehen; mit hypertrophischem aboralem Deckstück (b_1), dessen Nährcanal (bc) einen ventralen und einen dorsalen Ast entsendet. Luftsack (a) mit zwei Luftblasen.

Fig. 85. Monströse Larve vom elften Tage, von der Rückenseite gesehen. Der Luftsack (a) ist hypertrophisch ausgedehnt durch eine colossale ellipsoide Luftblase. Es ist nur ein kuppelförmiges (aborales) Deckstück (b_1) entwickelt. Der Dotter (d) zeigt an der Oralseite eine konische Dotterhöhle (dc) und ist hier ähnlich dem Rüssel eines Polypiten gebildet.

Fig. 86. Monströse Larve vom neunten Tage, von der Rückenseite gesehen, mit hypertrophischem, durch eine colossale Luftblase ausgedehnten Luftsack (a). An der Bauchseite des letzteren eine Anzahl Knospen (g), ein Taster (t) und ein Polypit (p). Sowohl aborales (b_1), als ventrales Deckstück (b_2) sind entwickelt, doch beide etwas monströs.

Fig. 87. Monströse warve vom zehnten Tage, von der rechten Seite gesehen. Das aborale Deckstück (b_1) ist hypertrophisch, kuppelförmig. Das ventrale Deckstück fehlt. Der Dotter (d) zeigt eine grosse Dotterhöhle (dc).

Fig. 88. Monströse Larve vom zwölften Tage, von der rechten Seite gesehen. Das ventrale Deckstück (b_2) ist hypertrophisch, besonders in seiner oberen, horizontalen Platte. Das aborale Deckstück (b_1) ist dadurch auf die Rückenseite gedrängt und der Nährcanal desselben (bc_1) läuft, statt nach der Bauchseite, grade umgekehrt nach der Rückenseite hin. Ausser diesen beiden sind noch vier Deckblätter entwickelt, die beiden lateralen ($b_3\,b_4$) und die beiden ventro-lateralen ($b_5\,b_6$).

Taf. XIII.

CRYSTALLODES.

Varietäten und Monstrositäten von *Crystallodes*-Larven.

Fig. 89. Monströse Larve vom siebzehnten Tage, von der Rückenseite und zugleich etwas von der linken Seite gesehen. Nur zwei Deckstücke, aborales (b_1) und ventrales (b_2), sind entwickelt. Das monströse ventrale Deckstück hat vier rudimentäre Tentacularknöpfe (x). Der atrophische Luftsack (a) enthält keine Luftblase, wohl aber die zusammengefaltete Luftflasche (u). Der Polypit (p) ist sehr ausgebildet, mit Magenzotten. Der Dotter (d) ist noch ziemlich gross und solid, und trägt ein Büschel Knospen (g).

Fig. 90. Monströse Larve vom zweiundzwanzigsten Tage, der in Fig. 89 abgebildeten sehr ähnlich, ebenfalls von der dorsalen und linken Seite gesehen. Es sind nur die beiden ersten Deckstücke ausgebildet, aborales (b_1) und ventrales (b_2). Beide tragen zwei rudimentäre Tentacularknöpfe (x). Der Dotter ist verschwunden (zum proximalen Stammtheil oder Stiel der Luftkammer geworden?). An der Basis des sehr entwickelten Polypiten (p) sitzt der Fangfaden (f), der Taster (t) und eine Knospengruppe (g).

Fig. 91. Monströse Larve vom elften Tage, von der rechten Seite gesehen. Das aborale (b_1) und die beiden lateralen Deckstücke ($b_3\,b_4$) sind vorhanden; das ventrale fehlt. Der atrophische Luftsack enthält eine collabirte Luftflasche (u). Der Polypit (p) und der Taster (t) sind ganz rudimentär. Statt dessen ist der Dotter (d) polypitenähnlich entwickelt, indem sich sein distales (unteres) Ende einem Polypiten-Rüssel gleich ausgebildet hat und seine Dotterhöhle (dc) sich durch einen Mund öffnet (?).

Fig. 92. Monströse Larve vom zehnten Tage, von der linken Seite gesehen. Es sind nur vier ganz monströse Deckstücke da (2 laterale und 2 ventrolaterale ?). Der Luftsack (a) ist gross, aber bloss mit Flüssigkeit gefüllt. An seinem distalen Ende sitzt der solide kleine Rest des Dotters (*d*), der Polypit (*p*) nebst Fangfaden (*f*), der Taster (*t*) und eine Knospengruppe (*g*).

Taf. XIV.

ATHORYBIA.

Larve vom zweiten bis siebenten Tage.

Fig. 93. Larve vom zweiten Tage, bloss zusammengesetzt aus gleichartigen, membranlosen, hyalinen, kernhaltigen Zellen (den Furchungskugeln), welche amoeboide Bewegungen zeigen.

Fig. 94. Larve vom dritten Tage. Die Primitivhöhle (*z*) ist gebildet, überzogen vom Entoderm (*i*) und Ectoderm (*e*).

Fig. 95. Larve vom vierten Tage, von der dorsalen Seite. Die Centralhöhle (*cc*), der Rest der Primitivhöhle, sendet die drei Canäle für das aborale Deckstück (*bc*), für den Luftsack (*ac*) und für den Polypiten (*pc*) aus. Der Dotter (*d*) ist stark lateral comprimirt.

Fig. 96. Dieselbe Larve vom vierten Tage, von der rechten Seite. Der Polypit (*p*) schaut zwischen Deckstück (b_1) und Dotter (*d*) hervor.

Fig. 97. Larve vom sechsten Tage, von der dorsalen Seite. Der Luftsack (*a*) ist abgeschnürt, drei neue Knospen sind gebildet.

Fig. 98. Dieselbe Larve vom sechsten Tage, von der rechten Seite. Die drei Knospen des ventralen Deckstücks (b_1), des Tasters (*t*) und des Fangfadens (*f*) sind deutlich sichtbar.

Fig. 99. Larve vom siebenten Tage, von der dorsalen Seite. Der Luftsack (*a*) hat eine Luftblase (*uv*) entwickelt. Der Larvenkörper besteht jetzt aus dem Polypiten (*p*), seinem Fangfaden (*f*), dem Taster (*t*), zwei Knospen (*g*), dem Dotter (*d*) nebst Luftsack (*a*) und zwei Deckstücken, dem aboralen (b_1) und dem ventralen (b_2).

Fig. 100. Dieselbe Larve vom siebenten Tage, von der rechten Seite.

Inhalts-Verzeichniss.

		Seite.
I.	Historische Einleitung	1
II.	Bemerkungen über die Grundform und die Topographie der Siphonophoren-Larven	12
III.	Individuelle Entwickelungsgeschichte von *Physophora*. (Hierzu Taf. I—IV)	17
IV.	Beschreibung von Varietäten und Monstrositäten der *Physophora*-Larven. (Hierzu Taf. V)	38
V.	Systematische Bemerkungen über das neue Algamiden-Genus *Crystallodes*. (Hierzu Taf. X)	43
VI.	Individuelle Entwickelungsgeschichte von *Crystallodes*. (Hierzu Taf. VI—IX)	51
VII.	Experimente über Vermehrung der *Crystallodes*-Larven durch künstliche Theilung. (Hierzu Taf. XI)	73
VIII.	Beschreibung von Varietäten und Monstrositäten der *Crystallodes*-Larven. (Hierzu Taf. XII und XIII)	80
IX.	Individuelle Entwickelungsgeschichte von *Athorybia*. (Hierzu Taf. XIV)	88
X.	Reflexionen über die individuelle Entwickelungsgeschichte der Siphonophoren und über deren Bedeutung für ihre palaeontologische Entwickelungsgeschichte	93
	Erklärung der Tafeln	105

Fig. 5

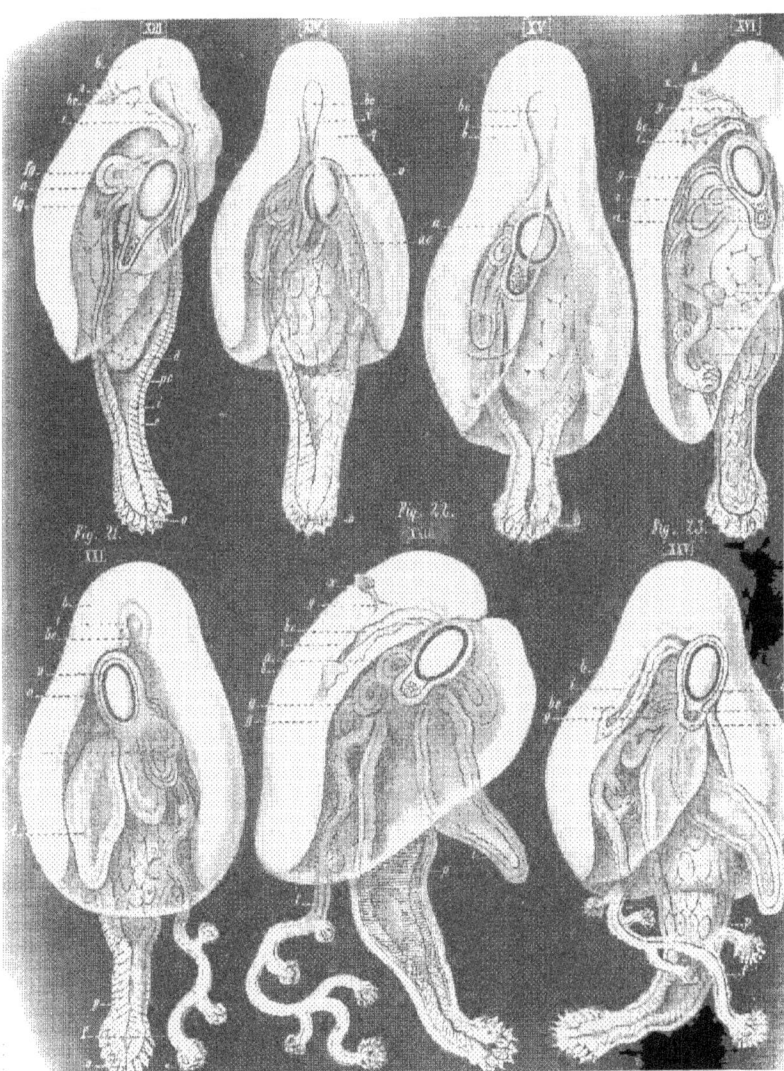

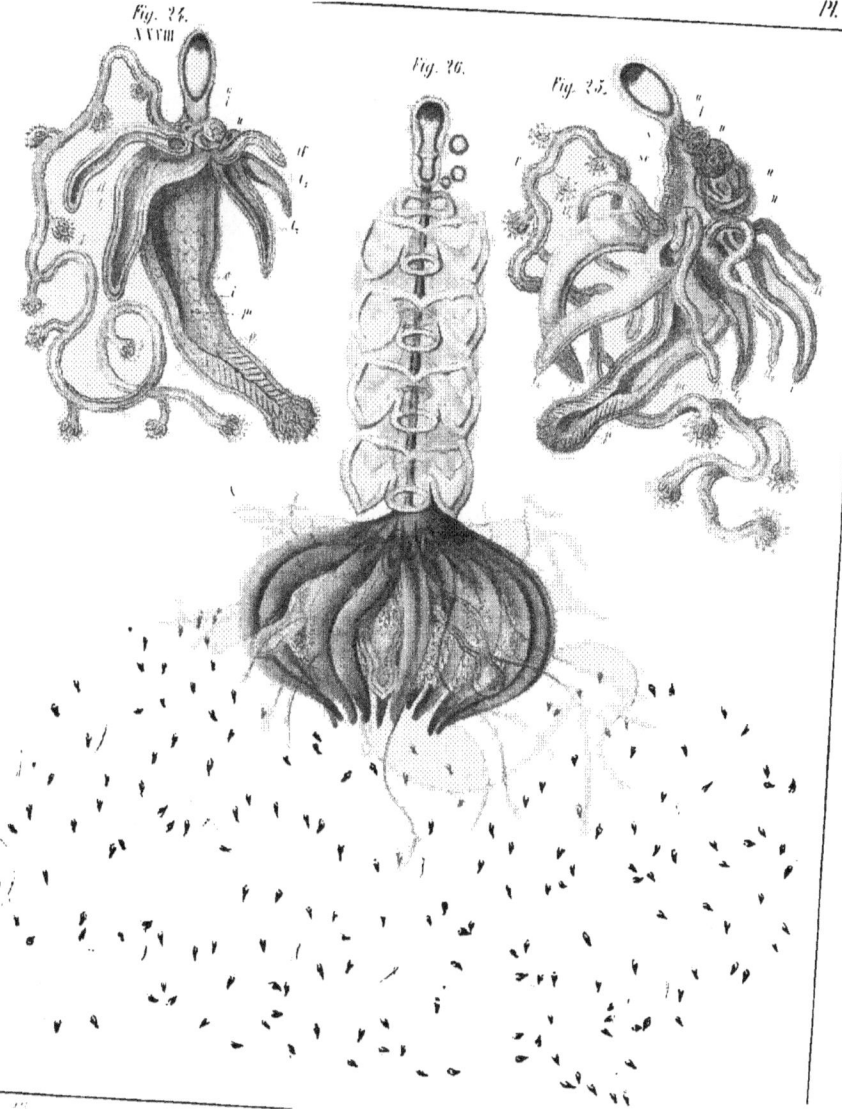

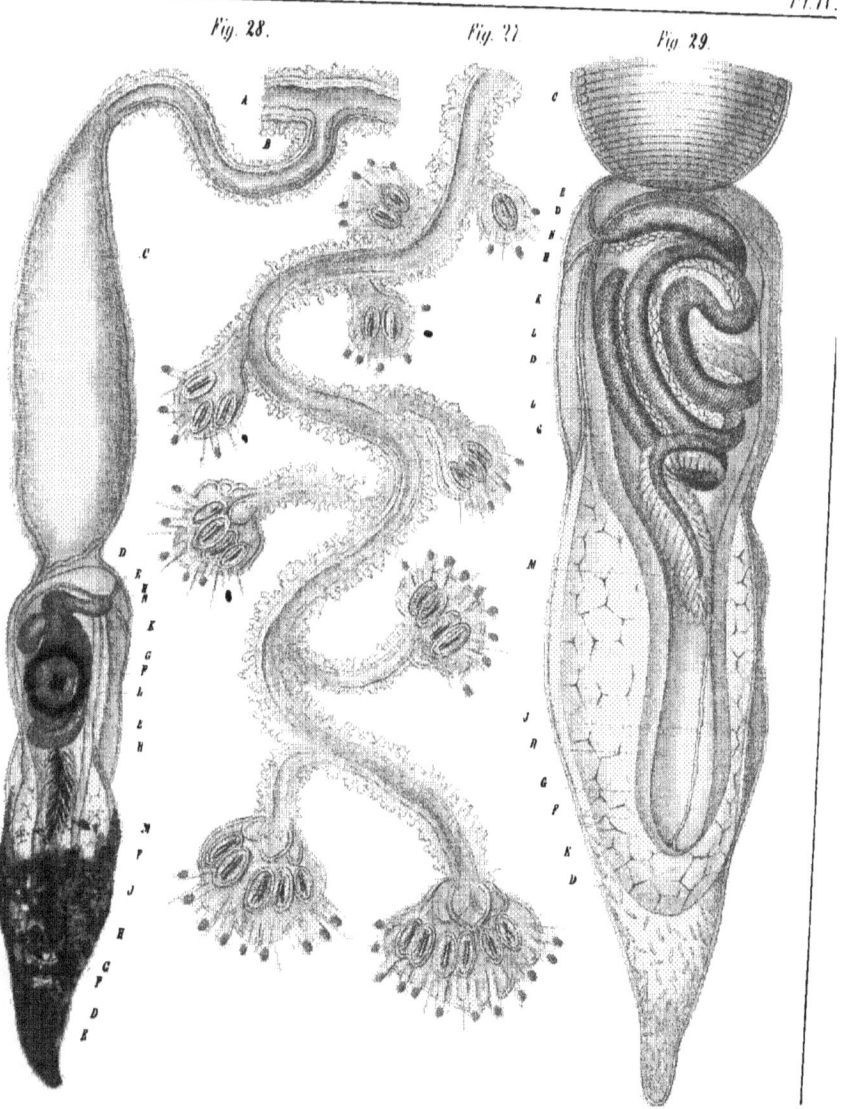

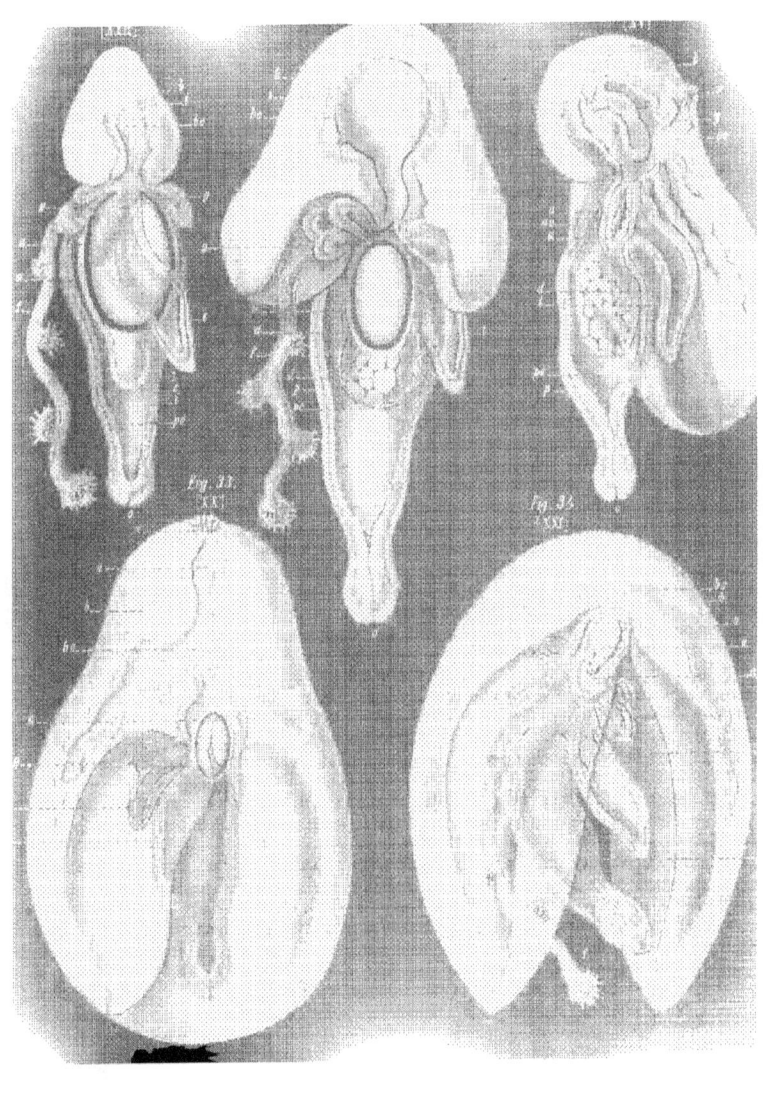

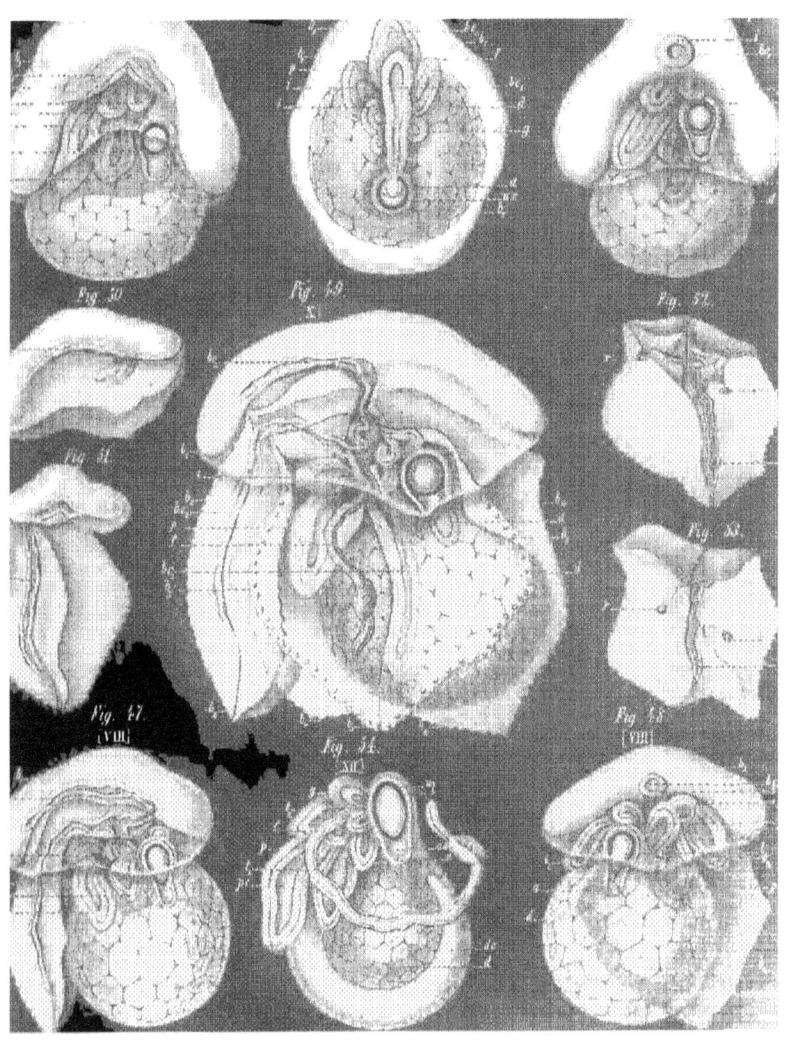

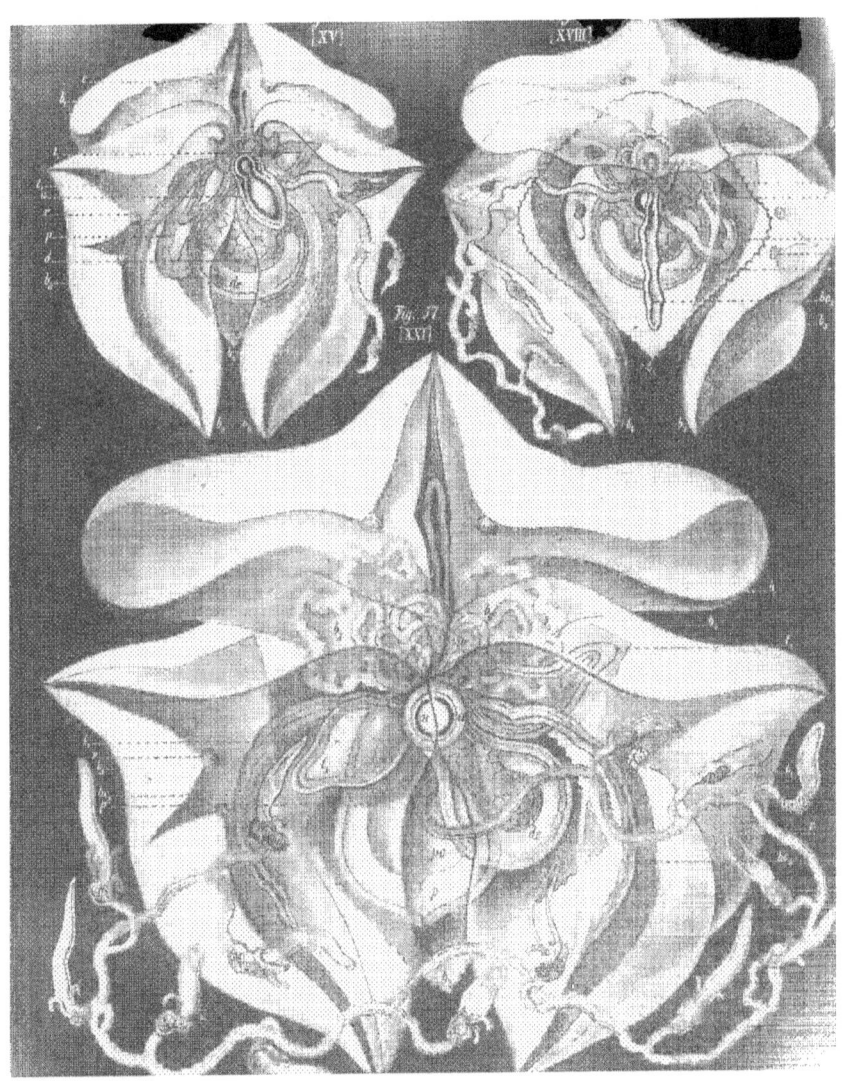

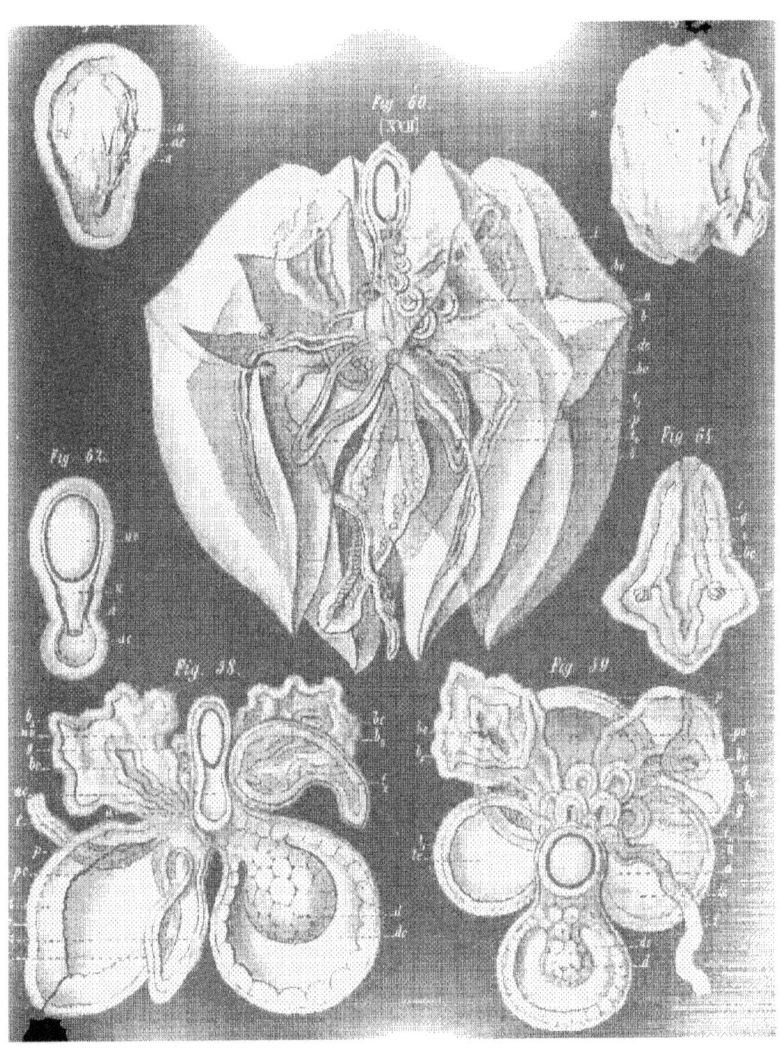

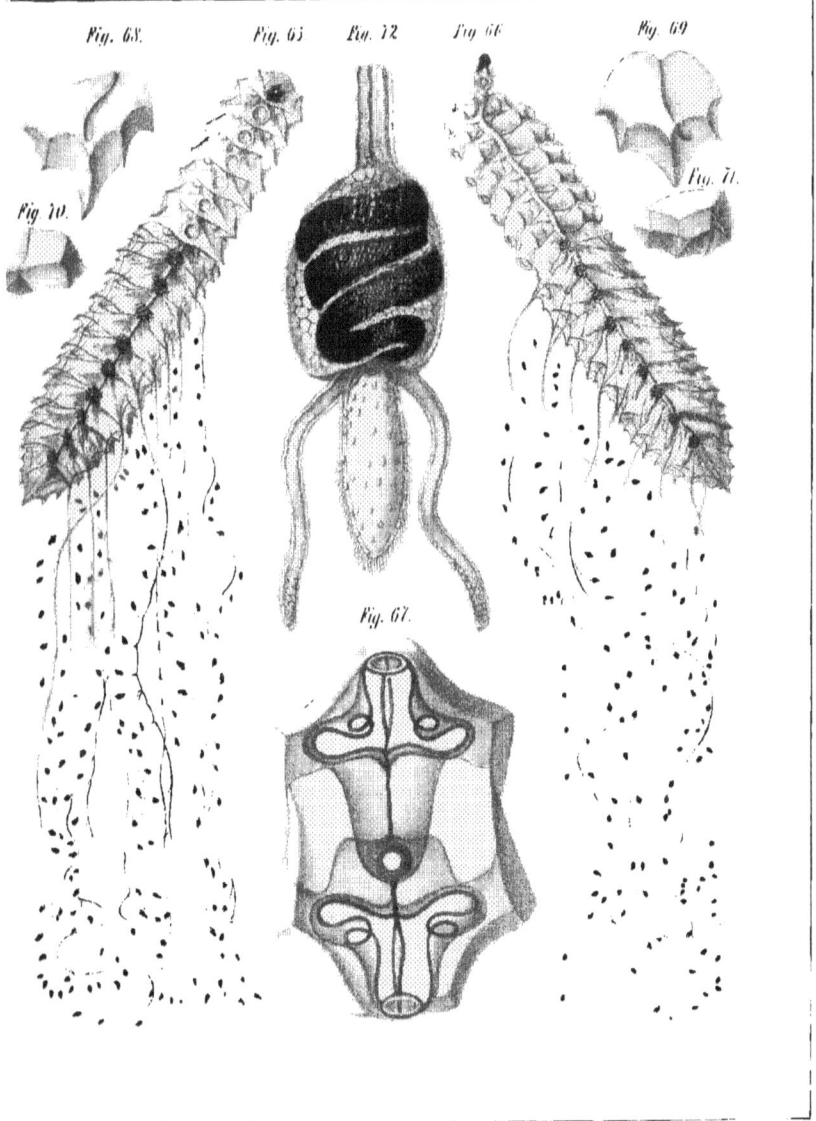

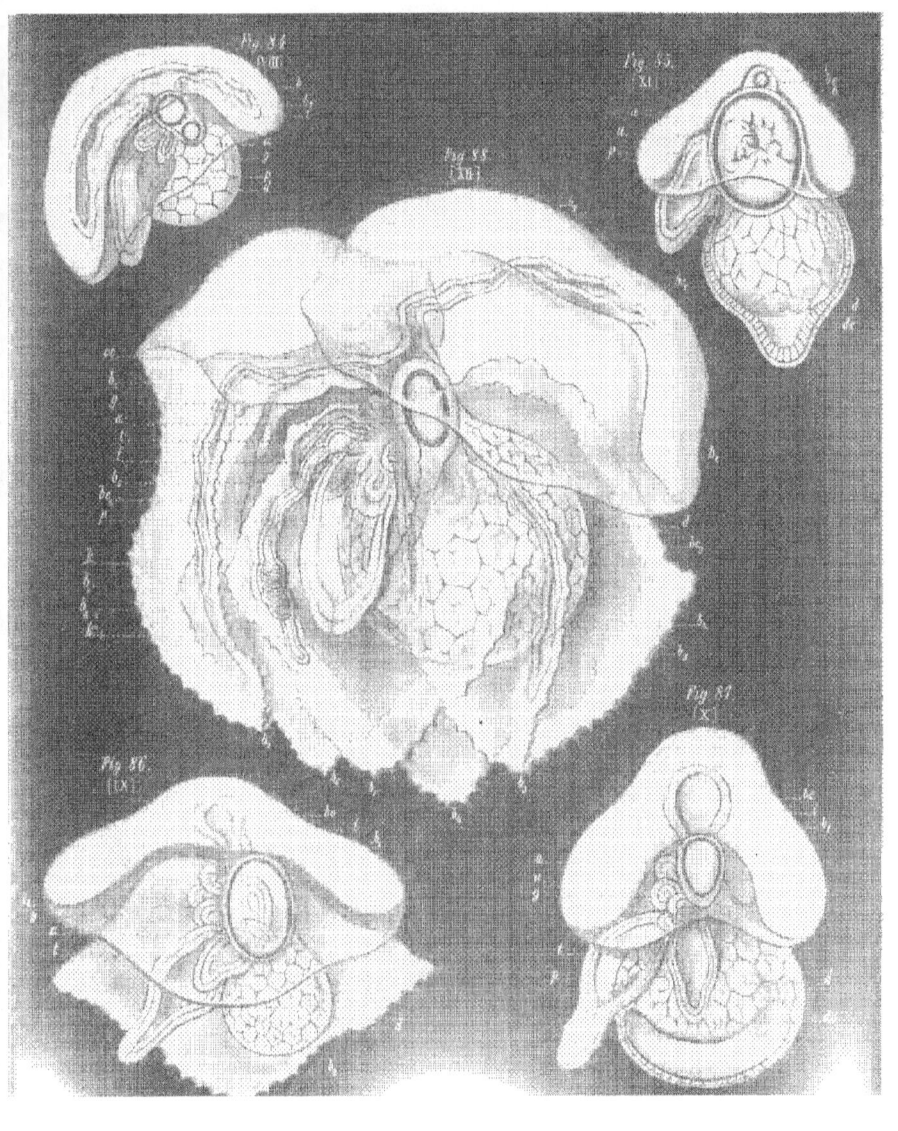

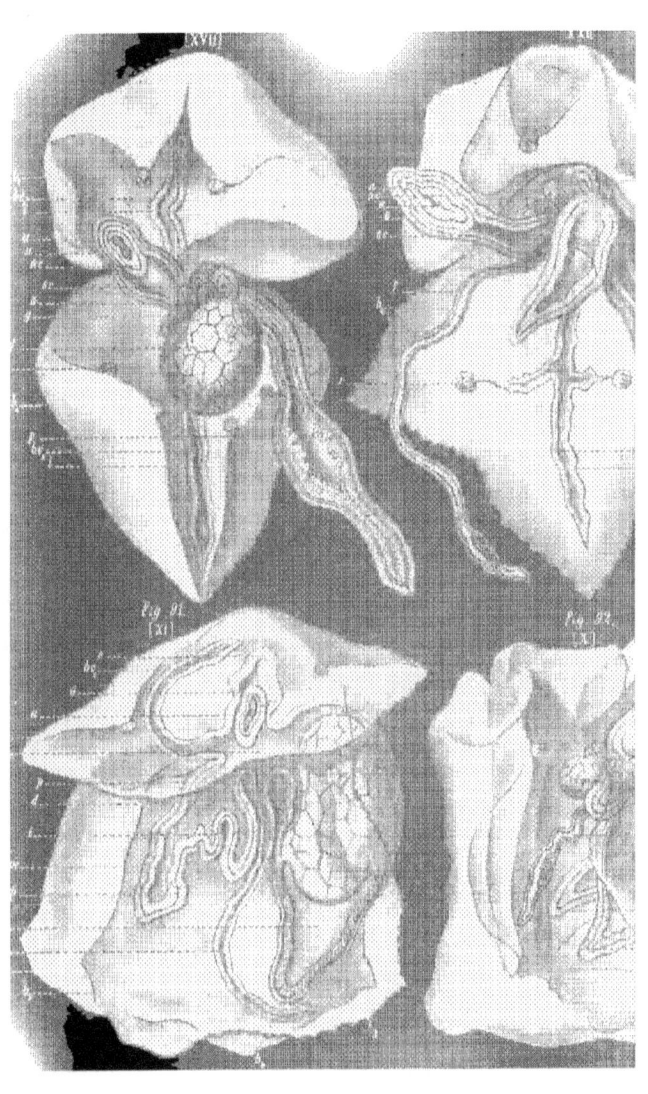

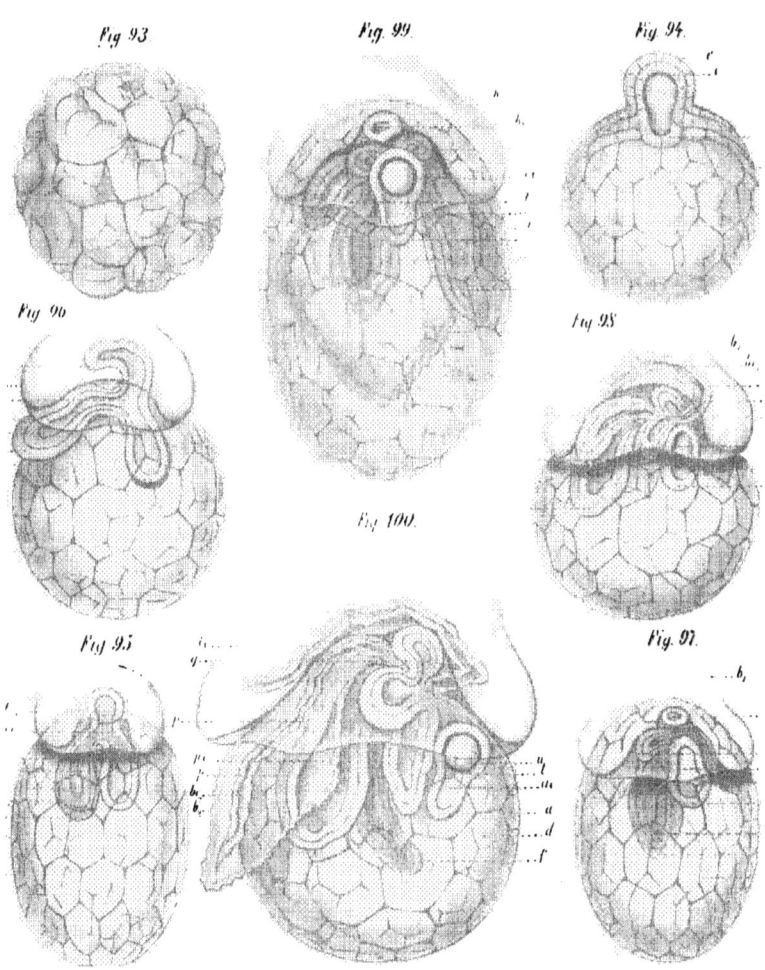

www.ingramcontent.com/pod-product-compliance
Lightning Source LLC
Chambersburg PA
CBHW022123160426
43197CB00009B/1137